数字经济
十大趋势

白津夫　李　政◎主编

中国出版集团
中译出版社

图书在版编目（CIP）数据

数字经济十大趋势 / 白津夫，李政主编 . -- 北京：
中译出版社，2024.1
　　ISBN 978-7-5001-7617-6

Ⅰ . ①数… Ⅱ . ①白… ②李… Ⅲ . ①信息经济—研究 Ⅳ . ① F49

中国国家版本馆 CIP 数据核字（2023）第 216193 号

数字经济十大趋势
SHUZI JINGJI SHI DA QUSHI

主　　编：白津夫　李　政
策划编辑：于　宇　纪菁菁
责任编辑：于　宇
文字编辑：纪菁菁　于　宇
营销编辑：马　萱　钟筏童

出版发行：中译出版社
地　　址：北京市西城区新街口外大街 28 号普天德胜大厦主楼 4 层
电　　话：（010）68002494（编辑部）
邮　　编：100088
电子邮箱：book@ctph.com.cn
网　　址：http://www.ctph.com.cn

印　　刷：固安华明印业有限公司
经　　销：新华书店
规　　格：710 mm×1000 mm　1/16
印　　张：19.75
字　　数：199 千字
版　　次：2024 年 1 月第 1 版
印　　次：2024 年 1 月第 1 次

ISBN 978-7-5001-7617-6　　　　定价：89.00 元

版权所有　侵权必究
中译出版社

编委会

主　编

白津夫　李　政

副主编

王林曦

主　任

胥和平

副主任

李国斌　卢　松

编　委

陈文玲　孙世芳　高书生　郭克莎　唐　元　曾　宇
杨　梅　白津夫　李　政　黄延信　肖万民　杨玉英
葛红玲　刘　岩　杨中川　何　霞　冯　华　崔艳新

编者序

《数字经济十大趋势》着重反映2022年全球数字经济发展的前沿领域最新动向，并分析了各主要经济体数字经济发展进程和重要举措，意在为广大读者了解年度国外数字经济发展动态提供一点参考。

2022年是极不平凡的一年，新冠肺炎疫情跌宕起伏，国际政治经济形势扑朔迷离，经济社会发展的不确定性因素有增无减。在这一大背景下，数字经济逆势增长，为社会经济发展起到了重要支撑作用。特别是在现实生活领域，随着线下实体购物渠道受阻，越来越多的购物者开始涌向互联网进行日常采购，促使移动购物、平台交易、直播带货等空前活跃。同时，社交商务、先买后付、元宇宙和互动购物等新模式蓬勃兴起，促使数字商务爆发式增长。对此，有分析认为，新冠肺炎疫情将购物从线下转移到线上的趋势至少加速了5年。数据显示，2022年全球电子商务销售额预计将达到5.5万亿美元，占全球零售总额的20.3%。其中在线商务端的销售额占比明显上升，预计比2020年提高17.8%。2022年，智能手机端电子商务零售的销售额预计将超过4 320亿美元，远高于2018年的1 480亿美元。随着5G通信和社交购物等技术的进步，移动购物将变得更快捷、更具黏性。同时，也将不断拓宽应用领域、创新应用场景，进一步丰富数字经济新业态。

在数字经济广泛应用的同时，各主要国家加快数字经济战略布局，加快抢占战略制高点，着力塑造"新的竞争优势"。世界贸易组织发布的《2020年世界贸易报告：数字时代的创新促进政策》(*World Trade Report 2020: Government Policies to Promote Innovation in the Digital Age*) 指出，全球大约115个国家制定了数字转型计划和数字化战略。近两年来，世界主要国家和地区密集发布了各种促进数字经济发展的法规、战略、规划等，强化后疫情时代数字经济对经济社会发展的引领和支撑作用。国际权威咨询机构IDC预测，"2023年，75%的组织将拥有全面数字化转型的实施路线图"。

从发展路径看，各国数字经济的发展大体上是相通的，即遵循产业发展规律，沿数字产业化和产业数字化的趋势延伸发展。但是，由于各国发展的基础和进程不同，其发展的侧重点和聚焦点也有所不同。一些先行国家，在数字经济形成一定规模之后，开始将重点转移至数字资产及其监管、数字经济的统计量化、数字化绿色化双转型，以及数字贸易和数字消费等新的领域。而后发展国家则从实际出发，在加快数字经济发展进程的同时，更加注重协同推进数字产业化和产业数字化，促进数字经济和实体经济深度融合，赋能传统产业转型升级。

这一现象既符合现实经济发展的要求，也契合数字技术进步的规律。随着数字技术创新强度和渗透力度不断增强,大力促进数字经济和实体经济深度融合,必将催生出更多新技术、新要素、新主体、新产业、新治理,为发展注入新动能、新活力。推动数实融合进入泛在感知、高速连接、高效计算、规模存储、共享智能的新阶段。数实融合不仅会强化数字赋能效果,也能够加快传统产业升级,放大共生效应,创造更大的价值增值空间。因此,从长期发展来看,必须在更高起点上加大推进数实融合的力度,既要发挥线上优势,促进高水平互联互通,提高跨时空资源整合水平;又要强化线下支撑,通过线上赋能线下,促进线上线下协同发展。

数字经济和实体经济融合发展不是数字经济+实体经济,而是二者内生的融合,是体系性、机制性、生态性和效率性的融合。主要体现在:(1)体系化重构,发展现代产业体系;(2)机制化转型,推动全流程数字化转型;(3)生态化重组,构建全新产业生态体系;(4)效率化提升,促进产业全面提质增效。

当前,要坚持以数字技术与实体经济深度融合为主线,把数字化优势和产业化优势叠加放大,以发展数字密集型产业为引领,全力打造具有国际竞争力的数字产业集群,使之成为推动产业转型升级、实现经济高质量发展的新引擎。

为此,要更好地了解全球数字经济发展动态,更全面地把握数字经济发展趋势,通过比较分析,互学互鉴,取长补短,共同发展。这也是本书的目的之所在。

目 录

第一章 数字经济发展十大趋势

第一节 趋势一：数字经济的统计量化 / 003

第二节 趋势二：数字贸易发展新动向 / 008

第三节 趋势三：电子商务发展新趋势 / 012

第四节 趋势四：数字资产与市场监管 / 015

第五节 趋势五：元宇宙市场蓄势待发 / 021

第六节 趋势六：央行数字货币竞争愈演愈烈 / 023

第七节 趋势七：统筹数字经济发展与监管 / 028

第八节 趋势八：数字化转型成为主旋律 / 032

第九节 趋势九：绿色化和数字化双转型 / 035

第十节 趋势十：数字经济战略竞争全球化 / 042

第二章 数字经济衡量体系和数据统计

第一节 数字经济统计量化的十项新建议 / 049

第二节 美国数字经济数据的统计和修订 / 059

第三节 数字经济统计量化的路径选择 / 068

第四节　电子商务的价值衡量 / 075

第三章　数字资产定性与申报及会计准则

第一节　数字资产的定性与申报 / 089

第二节　数字资产会计准则 / 102

第四章　数字贸易和数字消费

第一节　美国数字贸易发展新动向 / 119

第二节　电子商务未来发展的七大趋势 / 127

第三节　电子商务趋势与数字消费发展 / 134

第四节　正确认识电子商务发展 / 140

第五章　数字经济发展与监管

第一节　谨防"数字碎片化" / 145

第二节　全球数字监管的新趋势 / 154

第三节　规范与培育数字经济发展 / 159

第四节　美国对加密资产市场监管的立法建议 / 160

第五节　数字环境下公共政策的转变 / 166

第六章　数字货币竞争全面展开

第一节　全球央行数字货币发展动态 / 175

目录

第二节　美国探索央行数字货币的可行性 / 177

第三节　数字美元引而不发的战略考量 / 181

第四节　央行数字货币竞争进入新阶段 / 182

第五节　积极稳慎推进数字人民币进程 / 185

第七章　欧盟数字化及欧美企业数字化进程

第一节　欧盟的数字化 / 201

第二节　欧美企业数字化程度对比 / 232

第八章　数字化和绿色化双转型

第一节　欧盟双转型的战略要点、关键技术和政策建议 / 244

第二节　欧盟双转型的十项策略建议 / 256

第三节　企业实现绿色效益发展的六大要素 / 263

第九章　数字经济战略竞争全球展开

第一节　欧美进行全方位战略布局 / 276

第二节　金砖国家数字经济快速跟进 / 284

参考文献 / 297

第一章

数字经济发展十大趋势

2022年全球数字经济发展聚焦新热点、开创新局面、呈现新发展。根据《数字经济信息》所收集和刊发的资料，编者梳理归纳出2022年国外数字经济发展十大热门趋势。

第一节　趋势一：数字经济的统计量化

随着数字经济规模化发展，现有统计指标体系面临挑战。数字经济作为一种新的经济形态，现有统计指标体系已经难以全面反映数字经济发展实际，迫切要求创新统计体系，来准确衡量和量化数字经济。为此，美国、英国和经济合作组织提出相关建议。

一、数字经济发展需要准确统计量化

为了准确量化数字经济发展水平，英国国家统计局（Office for National Statistics，ONS）通过"数字经济调查"等方式，进一步推进数字经济统计量化探索。2022 年 5 月 5 日，ONS 发布了《利用行政数据衡量英国数字经济的可行性研究》（Feasibility of Using Administrative Data Sources for UK Digital Economy Research），以更加准确地量化英国数字经济发展，从而为政府宏观决策提供依据。

随着数字货币和数字资产的广泛应用并逐渐向主流化方向发展，英国的数字环境正发生深刻变化，可在线访问的产品和服务的多样性却呈指数级增长态势。社交媒体、数字中介平台和在线市场等非传统业务的日益普及，在很大程度上改变了企业和家庭的消费状况。全球数字化转型也使人们更容易从境外购买商品和服务，与海外经济体产生直接互动。这些因素在不同程度上导致真实的数字经济数据未能充分体现在现有数据统计中。为此，英国正在探索引入一套更为先进的数据统计方法，使其融入国民经济账户框架，从而提供更为精确的数字经济统计结果。

但是，目前国民经济账户等统计框架具有严格的产品分类体系。如何将数字经济形态下的新产品或服务纳入现有框架体系，还需要做进一步探讨。大体有两种途径：一是更新标准工业分类和产品分类系统，以及时反映数字经济模式所带来的动态改变；二是开发面向数字经济的综合分析表，从而及时吸纳那些拥有数字形态却又被现行统计系统排除在外的数字经济活动。

此外，部分数字经济统计工作依赖于对商品和服务之间的清晰界定，但鉴于数字经济业态变数较大，需要把握数字产品特点，从而对其进行准确划分。

二、美国数字经济统计分类

2022年5月，美国经济分析局（Bureau of Economic Analysis，BEA）发布《美国数字经济统计数据调整》，从新的维度提出数字经济统计体系调整。目的就是要明晰经济结构中数字经济部分的生产和支出情况，明确与数字经济相关联的商品和服务范围。为此，提出数字经济统计分类的主要框架。

（一）基础设施

基础设施是指支撑计算机网络和数字经济存在和运行的技术体系和组织系统，主要是信息和通信技术（Information and Communications Technology，ICT）的商品和服务。基础设施产品还可以进一步按硬件和软件进行再分类。

（二）电子商务

电子商务是指通过计算机网络对商品和服务进行远程销售。电子商务产品还可以进一步细分为 B2C（零售贸易）和 B2B（批发贸易）两大类别。

（三）有偿数字服务

有偿数字服务是指与计算和通信相关联并向消费者收取费用的数字服务。有偿数字服务产品包括云服务、电信服务、互联网和数据服务，以及所有其他以市场价格标识的数字服务。

三、经合组织的数字化衡量路线图

2022 年 7 月 21 日，经济合作与发展组织（Organization for Economic Cooperation and Development，OECD）公布新修订的《数字化衡量路线图》（*The OECD Going Digital Measurement Roadmap*），特别强调要根据数字经济发展改进官方统计体系，并提出十项建议。择其要点归纳如下。

（一）设计新的跨学科数据收集方法

数字技术本身也可以成为解决方案的一部分。在数字技术的使用过程中，产生了大量的数据流和信息流，用户的在线行为也留下了清晰的数字"足迹"。可以通过扫描、解析、过滤、收集和组织等多种来自互联网的信息工具组合，对此类数据痕迹进行监测。同时，发展新的跨学科统计分析方法，以适应对虚拟经济等数据的收集和统计。

（二）关注支撑数字化转型的技术

前沿科技的快速发展将推动数字化转型迈入新的阶段，需要基于数字技术的通用性和跨学科性来设计一个广义的框架，并量化它们对经济和社会所带来的影响。

（三）加强对数据和数据流的衡量

为了实现对数据和数据流更加精准地捕捉，不仅要适应统计量化需要，开发一套特定的数据分类框架，还要进一步研究数据在商业模式和业务流程中的作用和性质，继续探索测量数据流动和数据存量的方法，并重点关注对"知识类"资产的衡量方式。

第二节 趋势二：数字贸易发展新动向

数字贸易在数字经济中占有重要地位，而且发展势头迅猛。2022 年 2 月，美国商务部发布报告《数字贸易革命：美国市场主体如何从数字贸易协定中获益》(*The Digital Trade Revolution: How U.S. Workers and Companies Can Benefit from a Digital Trade Agreement*)，特别强调在"数字十二国"合作框架基础上，通过谈判达成具有约束力的国际数字贸易协定。

一、数字贸易发展方兴未艾

数字经济大潮推动数字贸易蓬勃兴起。美国作为数字经济大国，其数字贸易更是呈规模发展之势。美国将"ICT 服务"和"潜在 ICT 增强服务"统称为"数字化服务贸易"。从 2011 年至 2020 年，ICT 服务出口增长 33%，潜在 ICT 增强服务出口增长 46%。其中 2020 年，美国"潜在 ICT 增强服务"的出口额为 4 450 亿美元，约占美国服务出口总额的 66%。

二、国际数字贸易协定已成共识

面对数字贸易的机会和风险挑战，各国认识到需要加快形成具有一定约束力的数字贸易协定。美国更是从自身利益出发，积极推进建立国际数字贸易协定，以继续巩固美国企业在数字化服务贸易领域的领先地位。美国商务部同时列出有关美国数字贸易发展利益的优先事项，作为数字贸易合作协定的出发点。

（一）跨境数据流动

跨境数据流动以及跨境访问信息的能力，对于数字经济发展至关重要。数据自由流动对于创建全球价值链具有关键意义，不仅能够提高企业的效率，还能使各种不同规模的企业获得对接全球市场的机会。所以，为应对数字贸易壁垒蔓延，政策制定者需要对支持数据跨国自由流动做出承诺。

（二）数据保护

数据保护和尊重隐私具有公认的必要性。但过度强调优先保护用户的数据，往往会损害消费者利益并对创新起限制作用。最佳的监管模式应避免僵化的数据保护理念，更多采用精细化的方法，以对各类数据进行更精准识别，从而使企业能够合理合法地使用用户数据，消费者也能获得知情权，同时让数据的跨国流动更加顺畅。

（三）数据治理与创新

政府必须认识到数据是企业通过大量投资而创造出来的资源，即数据是制造出来的，而不是被动拾取的。因此，数据的存在实际上加大了市场竞争的力度。政府应避免实施过激政策来控制非个人数据的共享、访问和所有权。

（四）加大对人工智能的创新力度

人工智能是全球数字经济发展的重要支撑，各国政府应共同努力，致力于建立灵活和基于风险的管理框架，从而鼓励在人工智能领域的创新并开展跨境合作，推进健全可交互场景应用。

（五）营造优质的监管环境

随着数字经济发展，需要对监管法规进行灵活设计以应对新的机遇和挑战。监管规则的制定应当经过深思熟虑和充分协商，而且该过程还必须受监管实践的约束，允许企业和个人充满信心地进行贸易、投资和创新活动。

（六）非歧视原则

无论是涉及数据层面还是其他领域，非歧视原则是达成任何贸易协议的基础。事实证明，遵守开放市场承诺和非歧视性原则的国家和企业，在创造和开发新的数字产品方面取得了比其他国家更明显的进步。

（七）禁止强制技术转让和确保自主选择

强制要求企业本地化或强制企业进行技术转让以作为市场准入条件，不仅违反了全球基于规则的交易体系标准，也阻碍了投资和创新。因此，不应强迫任何企业将其技术转让给竞争对手或政府，要允许企业自主选择。

（八）开发基于风险的网络安全解决方案

为了应对快速变化的网络威胁，政策需要侧重于灵活性，建立基于风险的网络安全防范机制，充分利用国际标准和技术框架，促使私营部门开发解决特定网络需求的解决方案，并进行国际化扩展。国际法规应该对网络空间进行覆盖。

第三节　趋势三：电子商务发展新趋势

2022年5月，美国经济分析局把电子商务、数字基建和有偿数字服务，作为数字经济架构的三大支点。全球电商服务巨头Shopify的数据显示，2022年全球电子商务销售额预计将达到5.5万亿美元，到2025年，其销售额将突破7.3万亿美元。在其发布的《2022年全球电子商务行业发展趋势》报告中，概括了电子商务未来发展的七大趋势。

一、增强供应链弹性

近半个世纪以来，全球供应链管理一直围绕三大要素运行：全球化、低价化和最小库存化。但是，受多种因素影响，供应链中断的发生频率和严重程度愈演愈烈，凸显传统链条运作模式的缺陷，暴露了全球物流网络的脆弱性。因此，全球在线零售企业必须转变观念，提高供应链和物流管理的优先级别，更加重视增强供应链弹性。同时，还要对供应链上的关联企业发起并购，从而维持供应链的自主性。

二、移动购物和社交商务成新增长点

电子商务行业的另一个新增长点来自移动购物，或称"移动商务"

（M-commerce）。随着全球智能设备使用数量和频率的持续提升，移动零售行业继续扩大。移动购物应用程序在 B 端和 C 端用户中都变得越发流行。未来几年移动商务将继续爆发式增长，品牌自营购物应用程序、5G 通信和社交购物等技术的快速进步，将使移动购物变得更快捷、更具黏性。同时，社交商务作为移动购物的一个分支，近年来也开始逐渐发力，通过社交媒体平台实现的在线销售额，到 2025 年将增长两倍。

三、先买后付模式渐成趋势

先买后付（Buy Now, Pay Later, BNPL）的消费方式逐渐趋势化，并开始在全球范围内受到消费者追捧。摩根大通指出，消费者采用新的购物和支付方式的意愿逐步上升，先买后付将成为全球各地互联网消费支付的普遍现象。随着多个领先品牌地位的逐步巩固，以及数字钱包和银行之间日渐形成的长期合作伙伴关系，先买后付有可能在未来的全球支付体系中占据最大市场份额。先买后付已经成为新型互联网消费模式里不可忽视的新赛道。

四、元宇宙和互动购物

元宇宙概念的出现吹响了电子商务在虚拟世界竞争的号角，它创建了一个虚拟的商业世界，打破了传统的消费边界，消费者无论身在何处，都可以通过网络在虚拟世界中获取沉浸式的产品体验。众多国际品牌积极调整商业战略部署，以大手笔投资押注虚拟购物行业，并在不同电子商务平台上尝试推出增强现实和虚拟现实零售业务。

五、亚太地区的高速增长

到 2023 年，亚太地区的零售电子商务销售额预计将超越全球其他地区的总和。数据显示，2021 年中国的电子商务销售额是美国市场的 2 倍多。同时，亚太地区和中国的制造业完成了产业转型，在 B2B 商业模式方面比美国更具成本和规模优势。

六、跨境语言转换

目前，超过 67% 的全球消费者曾经进行过跨境购物。但近 20% 的受访者表示，语言不通是在境外网站消费的一大障碍。因此，商业语言的本地化对跨境电子商务的成功极为重要，直接关系到销售的成败。良好的语言转换能力能够为用户创造优质的客户体验。

七、批发销售的线上拓展

除了传统面向 C 端的在线销售，面向 B2B 买家和卖家的垂直和专业市场开始步入高速发展期，一些以消费者为导向的零售商和品牌，越来越频繁地对第三方市场进行投资。更多的商家开始重视从 B 端获取持续货源供应的速度和能力。因此，批发型在线商务也成为电子商务未来发展的重要趋势之一。

当前，在加快数字化发展的趋势下，电商将进入一个全新时代。预计到 2025 年，网络消费规模将达到 3.44 万亿美元，占社会零售比重达 35%，将为电商营造更大成长空间。

第四节　趋势四：数字资产与市场监管

数字资产市场和底层技术正在快速发展，新型数字资产大量涌现，加强市场监管显得更为紧迫。

一、数字资产主要类型

目前，关于数字资产类型划分尚未有国际统一标准。从现实看，大致分为两种形式：原生数字资产和有基础资产背书的数字资产。

（一）原生数字资产

原生数字资产仅作为数字资产存在，不代表其他任何资产的任何合法或专有权益。比特币即是一个常见的范例，它是一种纯数字化的交换媒介，由加密数据字符串组成，通过区块链进行点对点的转移或交易。用户对比特币的所有权仅限于数字形式，且不代表对其他资产的任何权益。

（二）有基础资产背书的数字资产

通常利用在现实市场中流通的其他种类资产，按法规或特殊约定运作机制，保障所关联的数字资产的基本权益和价值。具体运行方式可参考锚定法定货币的数字稳定币，该币虽是一种虚拟的数字资产，但内在价值却与事先约定的法定货币相挂钩，可通过平台进行流通，并且通常具备"赎回"特性，能够从发行者处按约换取基础法币。

二、数字资产市场主体及相关产品

（一）金融技术提供商

提供数字资产相关服务的金融科技企业，通常通过电子交易平台，允许个人用户购买、持有、出售和转移数字资产，其平台运作模式类似于芝加哥商品交易所等传统金融机构。

（二）银行机构

在数字化浪潮的推动下，许多传统银行和金融机构开始提供与数字资产相匹配的产品和服务，设立专门交易柜台，为客户提供数字资产敞口，包括数字资产参考基金、数字衍生品、结构化票据等。同时，一部分金融机构也开始涉足数字资产借贷业务，以合作的方式参与私有区块链网络的实际金融应用。

（三）托管业务

美国认可并允许国家银行为数字资产提供托管类服务。同时，商业银行也开始为客户提供交易托管 ETF（Exchange Traded Fund，交易型开放式指数基金）类产品的业务，例如用数字资产作背书的 ETF 基金和票据等。

（四）数字金融衍生品交易

通过鼓励投资者挖掘市场价差和允许风险对冲，来提高数字资产市场的透明度和流动性。芝加哥商品交易所专门为此开设了交易渠道，允许用户通过比特币期货和期权交易工具来对冲数字资产的价格风险。

三、数字资产市场监管

2022年6月7日，美国参议院来自共和、民主两党的议员代表，共同提交一份《责任金融创新法案》（Responsible Financial Innovation Act），就规范数字资产市场、加强有效监管提出立法动议。其监管基本框架包括：定义数字资产、数字资产监管权责、数字资产税务设计等。首次提出"数字资产服务商"概念，并提出数字资产中介服务运营指南。特别强调要规范数字货币市场发展。

2022年9月16日，白宫发布有关数字资产的《情况说明》，提出了政府将会采取的宏观干预和监管措施。

（一）保护消费者、投资者和企业

为了确保数字资产市场的公平竞争，有效防范风险，美国政府有针对性地提出具体措施，重点倾向保护消费、投资者和企业。要全面了解消费者的投诉内容，并依此打击不公平交易、欺骗或信息滥用等非法行为。敦促监管和执法机构进行合作，以化解消费者、投资者和企业所面临的重大数字资产风险。同时，鼓励相关机构发布指导性规则，以解决数字资产生态系统所面临的一系列风险。

（二）加速建设安全和可负担的金融服务

为了实现人人享有安全且可负担的金融服务，政府鼓励采用即时支付系统，加大即时支付的普及力度，为支付服务商开发和使用创新技术提供支持，并在适当的情况下，使用即时支付系统进行公共服务范畴内的金融交易。根据全球支付体系的现有实情，协调不同地区的法规和监管协议来提升跨境支付的效率，探索建立一个整合多种即时支付系统的新型多边平台。同时，建立一个对非银行类支付服务提供商进行统一监管的整体框架。

（三）促进金融稳定

数字资产与主流金融体系的交织越来越紧密，存在金融动荡和溢出效应的潜在风险。因此，要通过统一监管来解决数字资产的稳定性风险问题。财政部门将与金融机构合作，通过信息共享和推广数据集成以及分析工具，来增强识别和缓解网络漏洞威胁的能力。同时，与其他机构合作，识别、跟踪和分析与数字资产市场相关的新风险。并将同国际组织展开合作，以共同识别此类风险。

（四）推进负责任的数字资产创新

政府将采取积极有效的措施促进负责任的数字资产创新。制订数字资产研发计划，探索减轻数字资产负面影响的方法，以及继续支持将新技术突破转化为市场产品的相关研究。为开发新金融技术的创新型企业提供监管指导、实例分享和技术援助。进一步追踪数字资产对环境的影响，酌情制定绩效标准，并为地方当局提供减轻环境危害的相关资源和专业知识指导，积极探索数字资产发展与净零排放经济相平衡的可能性。

（五）打击非法金融

为了更有效地打击数字资产的非法使用，要加快对《银行保密法》（Bank Secrecy Act）的修正，以求明确适用于数字资产的监管条例。监管对象将同时包括数字资产交易所和 NFT（Non-Fungible Token，非同质化通证）平台等。继续监测数字资产行业的发展及其相关的非法融资风险。持续监视并解决数字资产的滥用问题，重点关注数字资产生态系统对国家安全构成风险的重要节点。

目前，全球的标准制定机构正在面向数字资产制定相关政策、指南和监管建议。而美国也与其合作伙伴积极合作，基于美国利益的目标和价值观设计监管政策，同时致力于深化美国在全球金融体系中的影响力。

第五节　趋势五：元宇宙市场蓄势待发

2021年元宇宙市场爆发式增长，2022年仍增势不减，已有累计超过1 200亿美元的资金流入元宇宙领域。大型科技公司、初创企业和全球众多知名品牌，都试图利用元宇宙市场商机，抢抓发展机遇。

一、元宇宙市场发展方向

一是虚拟资产。受市场追捧，虚拟资产的市场价值也水涨船高，越来越多的个人用户开始自主创建虚拟资产并在各个平台上进行交换。预计到2025年，虚拟资产的总交易价值将在1 500亿至3 000亿美元之间浮动。

二是XR（Extended Reality，拓展现实）硬件和软件。随着客户群不断壮大，与AR（Augmented Reality，增强现实）/MR（Mixed Reality，混合现实）/VR（Virtual Reality，虚拟现实）相关的硬件、软件以及在线内容的市场容量也处于增长态势。预测到2025年，该市场分区的价值将接近500亿美元，B端和C端各自贡献一半。

三是云计算基础设施。为了使元宇宙中的硬件设备发挥理想的沉浸式效果，云端计算能力必须得到充分发展，而这也将对固定网络（光纤和Wi-Fi）和移动网络（5G和6G）市场起到巨大推动作用。

四是通信基础设施。现有通信基础设施的维护和建设也是元宇宙市场发展的重要子分区。

二、元宇宙市场预测

德勤咨询在 2022 年 6 月的一份报告中指出，元宇宙市场的发展如同互联网的发展一样，企业在寻求巨大机遇的过程中，也随时可能遭遇较大的风险。研究数据显示，网络运营企业的年失败率平均为 14%，最高甚至可达 20%。需要富有拓荒精神的先驱者先行先试，这是推动元宇宙市场发展的主要动力。其中，大型商业机构一马当先，它们在资金和人才储备方面拥有绝对优势，为了提前锁定未来可持续的竞争优势，在关键的基础性元宇宙技术、平台、产品、服务、内容和其他支持组件中，抢先注入了数十亿美元研发费用，站在元宇宙技术发展的最前端。

预计到 2024 年，全球元宇宙市场的总营收将接近 8 000 亿美元。因此，在高风险和高回报的双重刺激下，这一市场份额的竞争将日趋激烈，对元宇宙板块投资的赛道已经开启。

三、元宇宙的三步走战略

麦肯锡在 2022 年 6 月的一份报告中，建议企业以三步走的方式来制定元宇宙战略。

第一，确定战略立场。定义企业的元宇宙发展目标，确定企业在元宇宙市场发展中所想要担当的角色。

第二，测试、学习和采用。初步启动元宇宙技术加持的商业活动并探索用户反应，明确发出企业进军元宇宙的信号。通过一系列指标来监控短期内商业测试结果，总结规律以求在长期内持续挖掘元宇宙给企业带来的发展潜力。综合研究用户在不同平台上的行为偏好。

第三，拓展。开拓元宇宙人才储备，建设必要的技术性基础设施和操作工具。将元宇宙概念全面嵌入企业业务战略和运营模式中，同时明确企业在元宇宙业务链上的领导团队。

正如元宇宙拓展公司的"首席元宇宙官"所言："有很多早期元宇宙的开拓者会面临失败，但如果你等上一两年的时间才去制定战略，然后再开始检验市场，那么可能你已经赶不上这趟车了。"

第六节 趋势六：央行数字货币竞争愈演愈烈

2022年央行数字货币（Central Bank Digital Currency，CBDC）再受关注，全球90%的央行正在研发央行数字货币。美欧国家经过多轮研发测试，正在探讨落地应用的时机和方式，进一步加快战略布局。

一、全球央行数字货币网络规划

2022年10月5日,环球银行金融电信协会(Society for Worldwide Interbank Financial Telecommunications,SWIFT)在其官网披露,在对不同技术和货币进行了为期8个月的试验后,该机构制定了全球央行数字货币网络规划。此前,国际货币基金组织(International Monetary Fund,IMF)也表示,在不久的将来需要一个全球数字货币系统,以在面对国家通胀危机时提供"稳定性"。

参与SWIFT试验的除了法国和德国的央行,还有汇丰银行、渣打银行以及瑞银集团、富国银行等共计14家中央银行和全球性商业银行。试验旨在研究央行数字货币如何在国际流通中使用,以及如何在需要时转换为法定货币。SWIFT创新主管表示,明年将进行更进一步的测试,以加快全面部署。若可以扩大规模应用,银行只需进行单个主要连接,而不用单独与每一交易对手建立联系,在减少连接工作量的情况下,可以达到更高效率。SWIFT的现有网络已在200多个国家或地区使用,并连接约1.15万家金融机构。全球央行数字货币网络规划若成现实,前景可期。

SWIFT官网披露,此次试验还测试了不同央行数字货币的底层技术,包括分布式账本技术(Distributed Ledger Technology,DLT)等。试验结果显示,央行数字货币和代币化资产(代表全部或部分股票、债券甚至非流动性资产所有权的数字代币),有可能在不造成破坏的情况下被整合到金融生态系统中。在试验成功进行的 70 个场景中，模拟了代币化债券、股票和现金的市场发行和二级市场转移。结果表明，SWIFT 可以用作各种代币化网络的单一入口点，其基础设施可用于创建、转移和兑换代币以及更新多个客户钱包之间的余额。

二、美国探索央行数字货币的可行性

美国官方和专业机构评估认为，美元的数字化有可能会为美国的经济带来显著的好处。为此，美国政府已经制定了美元数字化的总体政策目标，反映了联邦政府对数字美元计划的重视程度。如果数字美元最终得以落地，那么它应该在消费者权益保护、促进经济增长、改善支付系统和互联网平台间的互通性、保护国家安全等方面起到积极作用。美国政府将继续鼓励美国联邦储备系统（简称"美联储"）进行更进一步的数字美元研究、实验和评估。财政部将领导一个跨部门工作小组来全面审视数字美元所可能带来的潜在影响，利用多政府部门的技术专长，与合作伙伴共享有关信息。

事实上，美国研发美元 CBDC 的内部工作一直在按部就班地进行。特别是随着数字资产市场规模的迅速膨胀，美国最高立法层逐渐对发行美元 CBDC 形成共识，即只要它符合美国的国家利益，那么它就应该落地。美国财政部长珍妮特·耶伦（Janet L. Yellen）在不久前的一次采访中公开表示，美国现有支付系统一部分还是"太慢"而且"太贵",CBDC 将是一个非常有效率的补充。

但是,美元在国际上形成的优势地位,同时也成为掣肘数字美元进程的因素之一。在目前的国际支付结算与全球外汇储备中,美元占比分别为 40% 以上和 60% 左右。正如美联储官员所言,"需要审慎地考虑数字美元的发行,可能如何影响美元在全球支付中的使用"。所以,美元 CBDC 面临"两难"选择。

三、央行数字货币竞争进入新阶段

央行数字货币是一个新生事物,势必会给现有金融格局带来深刻影响,特别是在全球上百个国家央行竞相研发央行数字货币的背景下,其竞争意义不言而喻,博弈空间不难想象。

实际上,以美国为首的西方国家,也倾力进行央行数字货币的研发,大多完成了技术测试阶段,正深远谋划、伺机而动。截至 2022 年 12 月,全球共有 9 个批发型 CBDC 和 7 个零售型 CBDC 的跨境数字支付项目展开试点,由中国牵头的数家央行也已经合作完成了"货币桥"(mBridge)项目的初期测试,央行之间通过基于 DLT 的定制平台进行数种不同 CBDC 的发行和交换。另外,澳大利亚储备银行、马来西亚中央银行、新加坡金融管理局、南非储备银行也在国际清算银行创新中心的帮助下,上马了邓巴项目(Project Dunbar),用于测试 CBDC 在国际结算中的使用情况。

不仅如此，美国、英国、加拿大、日本、俄罗斯等许多国家，正在同时开展零售型和批发型两个赛道的央行数字货币研究。批发型央行数字货币主要用于央行和金融机构之间的支付清算，特别是在改善跨境支付效率方面被寄予厚望。

有研究指出，全球企业每年跨国转移近 23.5 万亿美元，相当于全球 GDP 的 25%，而且不得不依赖于大规模跨境支付流程，并主要以美元来结算。从成本、速度和透明度的角度看，这种支付流程并不理想，除了导致每年高达 1 200 亿美元的交易成本之外，还导致外汇兑换、流动性受限和延迟结算的额外成本。更重要的是，这一结算机制也受制于西方，被美元所要挟。因此，多币种央行数字货币可以提供一个有效解决方案，从而使跨境、跨货币支付成为现实，每年可以为全球企业节省 1 000 亿美元。

美国一方面在数字美元落地时机上做战略权衡，谋求战略利益最大化；另一方面密切关注数字人民币的动向，并从战略安全角度进行多重评估。白宫管理和预算办公室联合包括美国国家情报部和国防部在内的多部门，共同就人民币 CBDC 项目开展信息安全研究，为美国的关键执行部门在未来可能对数字人民币的使用交互设定相关指导标准。核心要求是了解数字人民币对美国国家安全的潜在影响，以及中国发力促进数字人民币的国际应用，所锚定的主要战略和经济意图。就此，后续可能还会出台针对数字人民币国际化的相关遏制性提案。可见，美国把数字美元作为战略竞争的新式武器，瞄准数字人民币的动向，随时可按下启动键。

第七节 趋势七：统筹数字经济发展与监管

如何统筹数字经济发展和监管，这是各国政府都在探索的重大课题。2022年6月28日，全球贸易预警中心（Global Trade Alert，GTA）与数字政策预警中心（Digital Policy Alert，DPA）联合发布最新研究报告《"数字碎片化"：单边主义的危害》（*Emergent Digital Fragmentation: the Perils of Unilateralism*），明确指出未来世界发展不仅取决于技术进步，还同政策监管边界息息相关。报告首次提出数字领域的"碎片化"概念，即政府各自主张的数字监管，造成了数字经济国际市场的分裂式发展，破坏了数字维度的经济流动性和应有活力。

一、全球数字监管总体态势

多国政府相继出台单边性和互不协调的监管政策，加上缺乏连续性的数字执法，导致全球数字经济"碎片化"风险加剧。

在监管内容方面，数据治理、内容监管、竞争法规和税务这四个政策领域，是数字经济监管的重点。

（一）数据治理是重中之重

在数据治理的政策领域，立法者和监管机构必须在保护用户隐私和由数据驱动的商业模式创新之间取得平衡。从"碎片化"风险的角度来看，由于几乎所有的国际贸易最终都离不开数据交换，因而制定一个全球性或区域性的数据保护标准至关重要。目前，有两种较为广泛使用的数据保护模式。

第一种模式侧重于保护用户隐私。基于通用数据保护条例制定法律条文，将一系列用户权利与数据信息收集的细化要求相结合。欧盟巨大的市场体量所形成的优势，使欧盟有条件在全球市场推广这种以用户隐私为中心的数据采集模式。

第二种模式倾向于赋予企业一定的发展自由度。遵循这种模式的综合数据保护法，并不注重授予用户全部的数据控制权，并尽量避免为企业制造额外的数据责任。具有代表性的原则有数据最小化或隐私设计等。

（二）在线合理言行的界定及相关执法

规范在线内容的边界，是博弈空间较大领域，立法者和监管机构，必须在保障公民的言论自由和遏制错误信息及防止有害言论之间取得平衡。虽然各国政府在这方面的政策偏好有所差异，但核查在线内容的法规，已经和在线平台实际运营密切关联。

（三）传统竞争法规的变化

数据显示，自 2020 年以来，涉及竞争立法和执法的案例主要集中于三个方面：对应用商店的访问及应用框架内支付系统，跨服务的用户数据融合，以及平台运营商相对于其商务用户的偏好设置。

为了应对上述问题，来自 G20 国家的一些立法机构已开始对其竞争法规进行调整。

（四）数字经济征税的国际协调

通过直接征税和间接征税的方式来解决数字经济赋税问题，已经在国际社会引起密切关注。如何在维持数字商品与服务跨境交易的便利性和维系地方税收体系的长期需要之间，取得合理的平衡？较为被多方认可的政策工具是间接征税，即一种和境外企业向本国客户所进行的数字销售直接关联的课税方式。通常以数字商业模式的界限为征收范围，税种则包括增值税或销售税等。

二、期待与展望

数据表明，数字经济的"碎片化"趋势正在逐渐演进。虽然截至目前，各国政府所采取的干预性措施还未彻底割裂全球市场，但是持续的排他性财政补贴、数字贸易壁垒的提升，以及疫情导致的财政紧缩，都进一步增加了全球数字"碎片化"的可能性。因此，需要继续对未来相关的数字监管法规、执法情况以及发展态势进行仔细追踪，为进一步研究提供数据支撑。

就目前态势而言，很多国家的立法者在试图对数字化领域进行规范和整治时，既缺乏正确原则指导，也缺少必要研究支撑，没有考虑到不断发展的数字世界的复杂性和数字经济跨界互通性。国内政策与国际监管的差异，甚至会导致数字经济发展误入他途。过于严厉的监管则会扼杀新兴商业模式，阻碍最新数字技术与市场的融合，并限制对国家就业和经济增长的贡献。"碎片化"的互联网和数字经济不仅剥夺了用户的选择权，削弱了创新的动力，而且加剧了政府间的贸易摩擦。因此，"数字碎片化"如不能得到有效遏制，会有酿就未来危机的风险。

有一点必须明确，即对数字领域进行监管是有必要的和政府应充分行使其权力，这是毫无疑问的。而目前所针对的要点是，如何在数字监管的法规设计和执法准则方面，达成某种程度的国际一致。为接近此目标，各国政府必须在现有基础上做出更切实的努力，就合理的数字监管原则达成国际共识，以求在一个较为统一的框架下，统筹数字经济发展与监管。

第八节　趋势八：数字化转型成为主旋律

2022年6月9日，英国中央数字和数据办公室（Central Digital and Data Office，CDDO）发布政策报告《面向数字未来：2022—2025年数字化和数据化转型路线图》（*Transforming for a Digital Future: 2022 to 2025 Roadmap for Digital and Data*），对数字化转型进行了总体安排。提出到2025年，英国政府将通过数字化转型成为一个更高效的数字政府，从而为每个用户提供更高质量的公共服务。各个部门将创建以用户为中心的政策和公共服务，并且保持更高效率，更加符合数字化时代要求。

一、数字化转型目标

英国政府数字化转型确立了7个大目标和21个子目标，其中6个大目标如下。

目标一，以结果为导向的公共服务数字化转型。具体量化到各个部门。

目标二，实现政府事务的一次性登录。确定各部门所采用的策略和路线图。

目标三，利用数据优化决策。实现数据共享、公开，推进数据资产开发，提高数据质量。

目标四，采取高效、安全和可持续性的技术。所有新采用的技术服务均应遵守"基于安全的设计"原则。

目标五，数字技能的大规模应用。加强技能学习和相关投资，提升基础技能。

目标六，打造数字化转型的大系统。实行跨部门合作，解决数字化转型的系统性障碍。

二、欧盟数字化的量化分析

2022 年 7 月 28 日，欧盟发布《数字经济和社会指数》（*Digital Economy and Society Index*，DESI）年度报告，从数字基础设施、数字技术整合、数字政务和数字技能四个维度，对欧盟数字化进行了量化分析。

（一）数字基础设施

为了提供高质量数字服务，欧盟需要建设能提供优质数字互联，且具备安全性和可持续性的基础设施网络。同时，进一步融合 5G/6G 技术手段，利用最新的光纤科技创建稳定的固定和无线互联网系统。

为此，欧盟将以"前所未有的方式加大对 5G 和光纤投资"。值得关注的是，量子技术的突破将对多个产业产生深远的影响。其中，量子计算机作为与超算互连的加速器，成为融合量子技术和经典计算技术的"混合大脑"。得益于超大的计算潜力，量子计算技术能够在复杂研究（如气候变化和可持续能源）和工业发展（如模拟科学和人工智能）领域引领突破性创新。

（二）数字技术整合

数字技术整合主要用于衡量不同类型企业和电子商务的数字化水平，特别是企业针对数字技术由基础到高端的应用程度，包括电子信息的共享、社交媒体的使用，以及大数据分析、云服务和人工智能等更先进技术的应用等。

其中，数字强度指数（Digital Intensity Index，DII）主要衡量不同类型的数字技术在企业层面的使用情况，根据12种有代表性的特定数字技术（如社交媒体、客户关系管理、云计算、人工智能等）的实际应用情形，来具体判定一个企业的DII得分。调查结果显示，欧盟大型企业的数字化程度领先于中小企业，且在数字技术的普及率方面也具有相对优势。其中，有若干项技术的采用率已经趋于饱和，但大多数指标仍有不少提升的空间。

（三）数字政务

如何发挥数字技术在政务方面的服务潜力是各国政府所面临的挑

战。高效的数字政务可以带来诸多益处，如提高政府和企业的工作效率，节省开支，提升服务的透明度和开放性等。欧盟的"数字十年"计划要求，到 2030 年，欧盟企业和公民的所有关键性公共服务必须彻底在线化。

（四）数字技能

数字化转型正在对社会产生全面性的影响，从根本上改变了人们的互动方式和现代工作模式。因此，对数字技能的学习和掌握变得越发重要。随着对互联网和数字技术依赖程度不断增加，员工也必须跟上不断变化的技能需求。在此大背景下，面向普通民众的数字基础技能普及，是欧盟实现数字化转型目标的关键所在。

第九节 趋势九：绿色化和数字化双转型

绿色化和数字化双转型是全球面对的重大课题，也是数字经济发展的重要选择。"双转型"既紧密结合，又同步推进，共同推动经济社会深层变革。

一、欧盟的绿色化和数字化双转型

2022年6月29日，欧盟发表《在新地缘政治背景下实现绿色化和数字化双转型》(*Twinning the Green and Digital Transitions in the New Geopolitical Context*)，突出强调绿色化和数字化转型是关乎欧盟未来发展的大趋势，处于欧盟政策议程的核心位置。

绿色化转型是指在生产和消费模式方面的根本性转变，使人类社会的发展轨迹和地球环境的自然规律重新合轨，包括倡导气候友好型的生活方式、维持生物多样性及重新衡量环境成本，构建以维护生命健康为取向的多维生态系统。

数字化转型是一个长期持续的过程，目的在于借助数字化技术重塑社会和经济的未来。数字化转型所带来的效益，能够进一步促进人类社会繁荣并应对诸多社会挑战。

数字化和绿色化协同互动。首先，数字技术可以在实现气候中和、减少污染和恢复生物多样性等方面发挥关键作用。通过精确测量以及自动化操作、机器人和物联网等技术，可以有效提高资源的利用效率并增强生产网络的灵活性。其次，向绿色化转型也将给数字行业带来巨大的助力。可再生能源、核能和核聚变等新能源技术，在数字领域能源需求不断增长的背景下起到重要支撑作用。绿色化转型的关键领域，如能源、交通、工业、建筑和农业等这些欧盟温室气体最大排放源，其根本改变有赖于数字技术导入和政策支持。

二、欧盟绿色化和数字化双转型的十项策略

(一) 增强关键领域发展弹性，把握开放的战略自主权

首先，要加大对绿色能源的扶持力度，减轻对化石类燃料的依赖，并在过渡时期逐步实现能源供应来源的多样化。其次，以开放的态度促进和双转型相关的创新和技术国际合作。促进跨工业生态系统的战略合作，提高欧盟的技术竞争力。

(二) 在全球范围内推动双转型

增进以绿色化数字化为主题的国际交流，建立互惠互利的战略伙伴关系。在公平贸易和投资的基础上，对涉及双转型的项目提供财政支持。

(三) 提升欧盟关键商品供应能力

使价值链的供应来源多样化，降低欧盟现有和潜在的对外战略依赖程度。

（四）增强转型过程中的社会和经济凝聚力

处于双转型过程中的员工、企业、行业和地区，都需要量身定制的政策支持和激励措施来保证转型目标的实现。

（五）更新教育和培训体系以适应新的社会经济现实

既需要让就业人口学习新的技能，以适应快速变化的科技水平和劳动力市场；也需要让社会层面广泛具备基础绿色技能和环保意识，从而在绿色化转型过程中持续创造价值。

（六）引导额外的投资支持双转型

为了增强欧盟的发展弹性并促进双转型进程，要引导投资重点转向长期性项目和可持续性资产。

（七）稳健可靠的衡量监测框架

要在欧盟层面搭建一个面向未来数代人的综合框架，对双转型所带来的全面社会影响进行量化、衡量和监测，为用户、企业和政府当局的决策提供实证参考。

（八）以欧盟单一市场为核心的灵活监管框架

以起到鼓励创新、促进市场循环、提升工业生态系统并确保多样性的市场参与等多重效果。

（九）制定标准是关键

在制定全球通行格式的国际标准方面掌握战略主动权。同时，所制定的国际标准需涵盖产品的可跟踪性和可追溯性条款。

（十）更强大的网络安全和数据共享架构

能够清晰地界定涉及数据传输的责任和所有权归属问题，维护个人和企业的数据安全，同时还将有助于建立对双转型相关技术的信任和接受度。

三、数字企业绿色发展的六大要素

数字企业绿色化问题并不比一般企业轻松，甚至在有些方面，任务还显得更为艰巨。2022年7月26日，麦肯锡发布研究报告《如何解读绿色发展》(*How Green can Green Growth be?*)，就B2B型企业如何在数字背景下利用绿色发展的机遇实现有效益的绿色化转型，提出六个方面的建议。

（一）细分客户和产品

首先，企业必须对自身的价值创造体系进行全面的分析，确定一个对市场最具吸引力的核心区块，以此为突破点推动绿色化转型。与此同时，与企业的客户甚至是客户的客户，进行深度沟通，摸排出客户最愿意为附加绿色化转型元素支付费用的企业产品和服务，再以此为基准推动转型。

（二）定义营销策略

在选择了正确的转型路线和顺序之后，第二个关键的步骤就是根据客户的需求和特征确定正确的细分市场，明确企业的转型价值主张，并制定接近每个客户群体的最佳渠道。企业为了制定可持续性的市场进入战略，必须有远见性的战略思维，在创建新的生态系统和把握新市场的业务机遇之间掌控平衡。

（三）聪明的定价策略

企业需要站在更为长远的角度重新评估价格和利润的相互关系，

详细了解不同供需状态对企业可能产生的效应，法规的变动所带来的潜在影响，以及影响消费者支付意愿的多种因素。与此同时，不应急于考虑对产品进行细分市场定价，而应当先通过灵活的方式定义最佳商业模式，而后再有针对性地根据每笔交易的细节打造双边合同。

（四）提升品牌质量

高效的品牌战略应包含可持续性主题并帮助企业激活它的内生效应，推动可持续性因素成为企业持久竞争优势的来源。通过对企业品牌的合理运作，不仅可以捕捉可持续产品所创造的价值，拉升企业的整体估值，还可以带来额外的好处，如吸纳优秀的人才，获得额外的资源支持等。

（五）灵活的新业务建设能力

快速地进行新业务创建并随之规模化，需要企业采取不同的思维方式和额外的技能组合，识别传统业务模式和新业务模式之间因非连续性而产生的诸多问题，并通过调整升级商业模式来提供高效的解决方案。

（六）提升技能，培养能力

从绿色化转型中创造价值是一条全新的赛道，它的成功依赖于综合销售、营销和一线研发等部门的跨职能专业知识。同时，也要求对整个机构进行调整升级，涵盖商业能力、定价、运营战略、采购和供应链等诸多方面。因此，这种复杂的转型计划需要企业加强自身的综合能力建设，在一些绿色化转型的关键领域进行常态化技术更新，如碳足迹的计算、碳核算和碳跟踪、与客户共享产品的碳足迹信息等。此外，企业也应主动感知监管层面的动态信息，从而提前对企业内部的资源进行优化。

第十节　趋势十：数字经济战略竞争全球化

早在2019年，联合国就发布《数字经济报告》（*Digital Economy Report*）并指出：数字化正在以不同的方式改造价值链，并为增值和更广泛的结构变革开辟新的渠道。"技术和数字化将会改变一切"，这是划时代的大事件、大趋势。

一、各国先后推出数字经济战略

各国竞相布局数字经济发展，加快抢占战略制高点，着力塑造着"新的竞争优势"。WTO报告曾指出，全球大约115个国家制定了"数字转型计划",推出数字化战略。例如美国《数字经济议程》(*Digital Economy Agenda*)、欧盟《2030年数字罗盘：欧洲数字十年之路》(*2023 Digital Compass: the European Way for the Digital Decade*)、英国《数字战略》(*UK Digital Strategy*)、法国《数字法国2020》(*Digital 2020: France*)、德国《数字化战略2025》(*Digital Strategy 2025*)、日本《数字新政》、澳大利亚《国家数字经济战略》(*National Digital Economy Strategy*)、新西兰《新西兰产业数字化转型计划》(*Digital Technologies Industry Transformation Plan*)、加拿大《加拿大数字宪章实施法》(*Digital Charter Implementation Act*)、爱尔兰《数字爱尔兰框架》(*Digital Ireland Framework*)等。

二、美国全方位战略布局

美国是最早推出数字战略的国家，在全球数字经济竞争大背景下，美国加快新的战略布局。在2016年5月曾发布《联邦大数据研发战略计划》(*The Federal Big Data Research and Development Strategy Plan*)，旨在构建数据驱动的国家战略体系。此后，美国相继推出若干专项战略。2021年，美国"信息技术和创新基金会"就发布《美国全球数字经济大战略》(*U.S. Grand Strategy for the Global Digital Economy*)报告，并强调指出：为确保美国继续保持在信息技术领域的全球领导者地位，美国政府必须制定以"数字实力政治"为基础的大战略，传播美国数字创新政策体系，约束数字经济领域竞争对手，以及在可能的情况下与盟国合作，并在必要时施加压力，全面保障美国利益。

美国还针对主要国家的数字经济战略，设想了七种可能出现的竞争场景。为维护美国核心利益发展，应加快制定和实施全球信息技术和数字经济大战略，制定科学的数字政策吸引各个国家广泛合作。从而进一步加大对IT（Information Technology，信息技术）和数字创新的支持力度，让更多国家进入这一轨道。同时，美国强调要限制中国的信息技术和数字技术进步，打击国外信息技术和数字保护主义，推进信息技术和数字自由贸易，保护美国关键利益，维护创新导向的监管原则，捍卫互联网开放原则，支持并推进强有力的国内IT和数字政策，以确保美国在全球的领导地位。

三、欧盟的数字化战略

欧盟坚持一体化原则，着力打破成员国间数字市场壁垒，先后出台《数字化单一市场战略》《数字红利战略》《未来物联网发展战略》等。近年来，欧盟数字化战略进一步走深走实，重点从数据合作、数字贸易、数字化转型、数字政府与数字技能等维度，着力推动数字战略落到实处，并推动欧盟数字化协同，最大限度弥合"数字鸿沟"，实现欧盟数字化协同发展。欧洲各国也相继制定数字化战略，并各自突出其重点。如《数字经济战略》《数字化转型战略》《网络空间战略》《数字政府战略和数据经济战略》《绿色化和数字化双转型战略》《企业数字化转型战略》等。总之，欧洲各国数字化更加注重实效，立足于促进发展并形成长期战略影响。

四、金砖国家数字经济快速跟进

金砖国家已达成《金砖国家数字经济伙伴关系框架》（BRICS Digital Economy Partnership Framework），将数字认证、电子支付、电子交易单据、数据隐私和安全、网上争端解决等纳入框架内容。并同意就人工智能等新兴技术开展合作，推动各方加快数字化转型。

为此，金砖国家制定了相应战略规划。俄罗斯制定了《俄罗斯联邦数字经济发展2035规划》，通过发展数字经济对俄罗斯的GDP增速产生根本性影响。

印度政府有着雄心勃勃的数字化发展计划。早在2015年，印度当局就公布了"数字印度"战略，在三大领域（数字基建、数字政务和民众数字素养）提出了九个重点发展方向，包括宽带建设、移动互联、公共互联接入、电子政务、电子服务、信息公开、电子产品制造业发展、信息技术领域就业。时至今日，印度的互联网用户数量超过8.25亿，全球14%的手机应用程序下载量来自印度，2022财年每日平均的数字支付数量超过2.8亿笔，谷歌、亚马逊和脸书（原名为Facebook，现已更名为Meta）等一众国际IT头部企业，已经向印度市场注入了上百亿美元的投资资金。印度凭借其庞大的人口基数和初期市场红利，已经在南亚地区形成了首屈一指的数字经济规模。在未来，印度数字经济的发展重点将继续聚焦数字消费者市场的开拓和农村接壤地区的互联网普及，同时印度将加大与私营行业的合作力度，主动引进外资，优先发展数字商业和数字基建，完善数字化产业链，共同挖掘印度数字市场的潜力。

巴西先后制定《数字政府战略》与《数字化转型战略》，对政府数字化目标及具体举措做出规定，涵盖了国家基础设施建设、研发创新、专业培训、经济、公民等方面的 100 个行动计划。在产业数字化转型方面，尤其强调数据驱动型经济和新商业模式。此外，巴西在创新生态的培养和数字支付科技方面有着十足的亮点。巴西拥有超过 18 000 家初创企业，占整个拉丁美洲数量的 77%。2021 年，巴西的初创企业收到了共计 94 亿美元的风险基金投资，其中有相当数额的资金来自美国。同时，数字支付在巴西的发展尤为迅速，涌现出一批以 NuBank 为代表的金融科技企业，极大地提高了巴西的数字支付连通率和支付效率。未来，巴西政府将继续帮扶上述行业的扩张，维持巴西在南美地区的数字竞争力。

南非发布的"国家数字战略"明确表示，数字经济是其发展的优先领域，政府为此专门成立了"第四次工业革命总统委员会"，为本国数字经济发展提供政策建议和战略规划。根据规划，南非将整合两家国有数字技术企业，成立国家数字基础公司，还将建立国家数字信息技术经济特区，吸引本地和外国企业在数据和云技术基础设施及服务领域投资。

第二章

数字经济衡量体系和数据统计

对数字经济进行精确衡量并获取准确的数字经济产值数据，是监测并修正数字经济发展路线，以及全面探索数字要素对经济发展所产生实际效应的基本前提之一。但由于数字经济形态的快速演进，以及不同地区的数字化程度参差不齐，国际上对数字经济的精确衡量尚未达成一个完美的共识，这成为各国政府共同面对的难点之一。为了实现构建衡量数字经济的通行国际框架这一目标，各主要经济体及国际组织在2022年就多种基础衡量要素和统计数据进行调整修正，公布了多份统计建议、路径讨论稿和研究报告，此举具有重要现实参考意义。

第一节　数字经济统计量化的十项新建议

为了进一步优化数字经济的统计量化，OECD 在其 2019 年发表的《衡量数字化转型的总路线图》（*Measuring the Digital Transformation: a*

Roadmap for the Future）的基础上，于 2022 年 7 月 21 日公布了最新的修订意见稿《数字化衡量路线图》，特别针对各国政府在监测数字化转型及其所带来的影响方面，提出了十项相关建议。此次的修订意见特别指出，各国的官方统计体系需要针对数字经济的不断发展作出相应的更新和拓展，以充分反映经济和社会层面的数字化进程。它同时还强调了对建设新型数据基础设施的需求，以期实现对数字化活动和数据流的实时监测功能。

一、进一步精确数字经济统计

为了具体衡量数字化转型及其影响，我们需要设计新的指标对传统的衡量框架进行更新和修正。即便如此，企业、产品和交易的分类和识别方式仍需要作出相应的调整。与此同时，必须加快捕捉游离于当前国民账户（national accounts）统计体系所界定的生产边界之外的经济活动，如在线搜索和社交类网站在为用户提供部分免费服务的同时所创造的价值。另外，平台经济模式的持续发展引发了一定的政策争论，以云服务和在线平台为代表的全球化多维度流动服务，也在无形中为数字经济的衡量增添了难度。

但是，对于平台经济的参与者，有关他们的特征、所参与的活动类型、所提供的服务种类、所创造的价值以及所运作的地点等信息，我们仍然知之甚少。此外，通过为用户提供包括交通、住宿和食品配送等多样化的互联服务，在线平台所发挥的经济效益，不仅增加了家庭生产在整体数字经济规模中的占比，也改变了传统就业市场中的工作性质，并且模糊了经济架构中不同机构与行业之间的界限。因此，统计部门和国际机构之间需要展开合作，推广使用由 OECD 所主导设计的一系列数字供给和交易统计模块，对数字经济的关联数据进行统一的分类和归纳，从而更为精确地量化数字经济给行业和市场所带来的实际影响。

二、数字化转型对经济的影响

同劳动力、资本和知识储备一样，数字技术已经成为当今市场业务运营和确保企业绩效所不可或缺的要素。但是，表现数字技术对经济所带来影响的最初和最有力的证据，可能会优先反映在微观数据层面，如企业、员工或消费者的第一手关联数据。为此，需要对现有的各种数据库进行协调对口链接，挖掘行政记录数据的潜力，制定数字成熟度（digital maturity）的衡量标准，从而分析数字技术对企业运营绩效的实际影响。此外，对数字技术价格和质量变化的精确衡量也至关重要，如宽带连接的实际性能和质量与消费者所做出的最终抉择有着直接关联。同时，它们也是衡量生产力和评估 ICT 技术对经济增长贡献的关键要素。因此，对于立法者和监管机构而言，确保所提供的数字化服务能够发挥最佳的质量效益也是践行数字政策的最终目的之一。但与此同时，数字化也可能使针对价格和数量的衡量变得更加复杂，因为数字化程度的加深提升了产品和服务质量变化的速率，导致销售分配的渠道发生转变，并可能影响到市场的主流定价策略。

另外，应继续对企业和家庭进行有关数字技术应用的定期实测调查，以充分考量新兴事物和新科技所带来的实际影响，如高速宽带、云计算服务和数据资产服务等。它们既是创新的有力推手，同时也是培育未来企业绩效和消费者福利的关键因素。

三、数字化转型对社会发展目标和民众福祉的影响

数字化转型正在对现代社会产生全方位的影响。因此，需要相应的测量框架来对其进行具象捕捉。一方面，制定一个对口的整体统计框架，是衡量数字技术和新商业模式如何有助于实现民众健康、应对人口老龄化和气候变化等社会综合发展目标的基本前提。另一方面，有关数字化转型对社会福祉实际影响的量化和数据的收集仍稍显匮乏。例如，数字技术的使用如何影响民众的心理健康或社会生活，依然是一个极少受人关注的领域。为了推进此方面的衡量工作，民调样本工具可以成为收集客观和主观数据的重要手段，用于广泛接收民众在数字化转型大背景下的真实生活体验反馈，并能在数字技术的传播和对社会福祉的影响之间研判可能存在的因果关系。

四、设计新的跨学科数据收集方法

鉴于数字技术的更新速度,目前可用的数字经济衡量框架尚无法覆盖数字化转型的整体规模和范围,这并不意外。但是,数字技术本身也可以成为解决方案的一部分。在数字技术的使用过程中,产生了大量的数据流和信息流,用户的在线行为或多或少均留下了清晰的数字"足迹",我们可以使用扫描、解析、过滤、收集和组织等多种来自互联网的信息工具组合,对此类数据痕迹进行监测。需注意的是,虽然分析数据"足迹"的方法为量化数字经济提供了便利,但也产生了一系列涉及互联网数据统计质量、安全和隐私的潜在风险。因此,需要在统计数据工作和风险控制之间找到合理的平衡点。此外,互联网经济模式还催生了大量非实体组织的创建,并使得跨行业和多地点的商业外包形式更加灵活化,从而进一步模糊了企业和市场之间以及专业分工和社会生活之间的传统界限,这也给当前数字经济的数据收集和统计增添了难度。因此,发展新的跨学科统计分析方法尤为必要,它能帮助我们更为深入地理解技术和创新,及其在个人和机构层面所带来的联动影响。

五、拥抱支撑数字化转型的必要技术

前沿科技的快速发展将推动数字化转型迈入新的阶段,必须予以密切关注。一方面,物联网(Internet of Things,IoT)技术打造了一个数字生态系统，由传感器以及与物理世界连接的多种数字设备收集海量数据，并由此驱动一系列应用程序和数字服务。物联网技术的应用跨越了健康、教育、农业、交通和制造等多个经济领域，将全球数十亿台智能设备纳入互联。未来，这一领域将取得指数级的增长。另一方面，人工智能（Artificial Intelligence，AI）则有可能彻底改变人类生产的模式，并同时为健康、交通和环境等方面的全球性挑战提供高效的解决方案，而区块链技术同样也具有改变金融和供应链管理等广泛市场行业的潜力。我们在拥抱数字技术的同时，也需要基于数字技术的通用性和跨学科性来设计一个广义的框架去定义和识别新兴前沿技术，监测它们的发展和传播，并量化它们对经济和社会所带来的影响。

六、改进对数据和数据流的衡量

近年来，全球数据使用的规模及数据在众多业务模型和流程中所发挥的重要性都呈指数级增长态势。然而，人们却忽略了数据已成为生产输入要素之一的重要事实，数据在事实上作为"数字资产"生态的必要基础，相关的研究工作却存在缺失。另外，机构之间快速且低成本的数据流动，提炼数据价值的流程中所表现出的片面性，以及影响数据价值的多种第三方决定因素（如数据的内容和使用数据的方式等），都给涉及数据和数据流的实际测量带来了挑战。此外，云计算技术的普及使得数据的流动和交互经常以跨境的方式呈现，因此需要对衡量的具体方法和框架做出修正。

为了更加精准地捕捉数据和数据流，不仅需要针对具体的统计测量目的开发一套特定的数据分类框架，还要进一步研究数据在商业模式和业务流程中的作用和性质，继续探索测量数据流动和数据存量的方法，并重点关注对"知识类"资产的衡量方式。

七、定义和衡量数字化转型的相关技能需求

数字经济的持续发展对未来的工种和职业技能都提出了新的要求，大幅增加了对某些特定行业的专业技能需求，如大数据分析、云计算和移动应用程序设计管理等。在实际工作中，新业务模式的出现、新组织架构的运行和新工作方法的普及，都可能会进一步加剧ICT技术人员的短缺现象。与此同时，对互补型技能的社会需求也在增加，如信息的汇编和分析能力、社交平台的沟通能力、对互联网品牌产品的识别和管理能力等。此外，这些趋势的增长也从侧面激励用户自主学习互联网的部分基本技能，如搜索和选择对口的移动应用程序，或自身对抗数字安全风险的能力等。传统的官方统计体系通常使用教育程度、标准化的职业培训等级或职业类别作为统计技能需求的参考指标。但在数字经济的新背景下，我们需要进行有关新型工作需求和技能的详尽市场调查，并积极与市场的实际情况相结合，才能准确定义和真实反映市场对数字技能的需求，从而依此设定相应的统计衡量指标。

八、对在线环境中信任度的衡量

随着个人用户、企业和政府的主要日常活动重心不断地向线上转移，安全、隐私、消费者保护，以及人们对在线环境的总体信任水平，已经成为立法和施政部门最为关注的几大领域。为了对在线环境中的信任度有一个较为精确的衡量，不少机构已经进行了一些富有建设性的尝试，如来自计算机安全事件应急响应小组（Computer Security Incidents Response Teams，CSIRT）的协调统计数据以及一些针对平台模式中的消费者信任度调查等。但是，还应该在此基础上进一步开发多途径的衡量方法，例如，OECD 曾根据 2015 年其理事会关于促进经济和社会繁荣的数字安全风险管理建议，设计了一个分析框架，用于衡量企业的数字安全管理风险，从而基本确定了一组可行的核心衡量指标体系。与此同时，一些隐私执法机构（Privacy Enforcement Authorities，PEAs）也正在就改善个人数据隐私泄露的警示展开努力，以提高这方面统计数据的国际可比性。在当前的互联网环境中，用户已经普遍认识到合作伙伴之间互相建立信任度的重要性，但在许多国家，尤其是在官方的统计数据中，对互联网信任度的衡量仍未常态化。因此，许多非常规的测量方式和数据也可以成为衡量在线信任度的有效过渡辅助工具。例如，调查在电子商务个性化定价的市场背景下，企业披露内容条款的改变会如何影响消费者的信任度。除此之外，一些基于互联网的数据，如防火墙所记录的恶意软件活动，基于社交媒体使用的情绪分析，或 cookie（小型文本文件）统计数据等，也都可用于协助衡量在线信任度的各个方面。

九、建立数字政府的影响评估框架

政府的数字化是大势所趋，各国政府正逐步采用数字技术来鼓励设计、运营和公共服务交付方面的创新。同时，政府的数字化诉求也在发生转变，由过去单一地追求利用数字技术提高行政效率（即电子政务），演变至使用数字技术重塑公共治理的成果（即数字政府），从而使政府部门能够更好地响应来自民众和企业的更广泛的政策需求，如公众诚信、社会福祉和公共服务的日常参与等。因此，为了更好地应对数字时代的挑战和机遇，政府应优先搭建数字转型的影响评估框架，对数字政府模式的施政效果做出更为精准的衡量。

为此，立法者、统计研究业界以及国际机构，首先应精诚合作，开发新的统计工具用以评估数字技术对政府、公民和企业间关系的实际影响，尤其应考虑到特殊群体（如老龄群体、低收入家庭、单亲家庭、残疾人群等）受此影响的程度。其次要重新定义衡量标准并制定影响评估指标，促进公共部门间数据的共享和重复利用，评估数字技术在实现更高效、更具包容性和更高可定制水平的公共服务交付方面所发挥的实际效应。同时，这也有助于提升公民对政府安全处理个人数据能力的信任度。此外，还应注重观察以人工智能和区块链技术为代表的新兴技术在政府行政服务和流程中的传播，并监测政府内部在全面整合数字技术方面所可能存在的潜在阻力。

十、改良性别间统计数据的提取和利用

在涉及数字化转型的统计工作中，对不同性别间统计数据的收集和分析，有助于充分了解数字鸿沟的存在及其程度，并能协助政府制定更为合适的政策以解决实际问题。为此，需要双管齐下，同时使用传统和非传统的数据收集手段。并设计新的数据指标以改良现有性别间统计数据的提取和利用。此外，还应注意维持多方参与者对数据工作的信任度，在保持输出高质量数据的同时，确保因数据采集（如因非传统数据收集方法的使用）而产生的不同意见得到合理的吸纳和解决。

为达成此目标，OECD 建议官方统计机构、负责实施数字化转型政策的政府部门、监管和研究机构、互联网企业和国际组织共同合作，使用通行的衡量方法并就性别间统计数据的优先事项达成一致意见。同时，支持和鼓励在官方和第三方的数据调查中加强对不同性别间的数据采集工作，并促使所采集的数据在立法和施政过程中发挥决策辅助效用。最后，积极与私营部门展开合作，通过建立保密协议及其他信任机制的方式，在不泄露数据隐私的前提下，充分提取和利用私营数据库中的相关数据。

第二节　美国数字经济数据的统计和修订

BEA根据重新修订后的2005—2019年美国数字经济源数据，并结合2020年所统计的新数据，于2022年5月最新发布了官方报告《2005—2020年美国数字经济的统计和修订》(*New and Revised Statistics of the U.S. Digital Economy, 2005-2020*)，对美国数字经济领域的部分关键概念和数据做了系统性阐述，明确了数字经济的基本框架结构，并对分析结果和未来展望做出了简要讨论。

数据显示，2020年美国数字经济贡献了3.31万亿美元的总产值、2.14万亿美元的附加价值（相当于美国GDP总值的10.2%）、1.09万亿美元的岗位薪酬和总计780万个工作岗位。经价格调整之后的美国2020年数字经济GDP增长率为4.0%，大幅超越美国整体经济的增长速度（-3.4%）。硬件、软件和B2C电子商务，是2020年美国数字经济增长的主要驱动力。统计数据表明，疫情期间美国其他产业市场均受负面影响甚深，而数字经济却得益于其特殊的性质和运作模式，不仅免受新冠肺炎疫情拖累，反而取得逆势发展态势。

一、基本统计方法

BEA对数字经济的统计数据是在美国宏观经济综合供应使用表

（Supply-Use Tables，SUTs）的基础上获取的。SUTs 剖析了美国经济内部运行的模式和规律，并详细说明了每个特定行业和产品对总产出和 GDP 的贡献值。该表还指明了每个行业所购买的商品或服务的流向、每个行业的生产营收以及每种产品的销售详情。因此，统计数字经济的目的，是重点突出在 SUTs 中已经存在的数字经济部分的生产和支出情况。为达成此目标，首要任务是在 SUTs 中确定与数字经济相关联的商品和服务范围。在一些特定情况下，如果商品或服务本身既包括数字生产又涉及非数字生产部分，则需要借助其他方源数据来精确定位其中的数字化成分。

BEA 的数字经济统计框架囊括了以下三大主要类别：

（1）基础设施，指支持计算机网络和数字经济的存在和运行的基本物理材料和有组织安排，主要是 ICT 的商品和服务。基础设施产品还可以进一步按硬件和软件进行再分类。

（2）电子商务，指通过计算机网络对商品和服务进行的远程销售（remote sale）。电子商务产品还可以进一步细分为 B2C 和 B2B 两大类别。

（3）有偿数字服务，指与计算和通信相关联的并向消费者收取费用的数字服务。有偿数字服务产品包括云服务、电信服务、互联网和数据服务，以及所有其他以市场价格标识的数字服务。

以上三大类别的子类别概念阐述如表 2-1 所示。

表 2-1　BEA 数字经济统计框架子类别概念一览

类别	子类别	概念
基础设施	硬件	构成计算机系统的物理制造元件，包括但不限于显示器、硬盘驱动器和半导体。硬件还包括通信产品和视听设备等。
	软件	个人计算机和商业服务器等设备所使用的程序和其他操作信息，包括商业软件和由企业构建的专供内部使用的软件等。
电子商务	B2B 电子商务	企业之间使用互联网或其他电子方式对商品和服务进行订购。B2B 的市场价值数据是通过美国人口普查局年度批发贸易调查（AWTS）确定的，包括批发总销售额和电子商务销售额的数据。
	B2C 电子商务	企业使用互联网或其他电子方式向消费者销售商品和服务，或指代零售电子商务。B2C 的市场价值是通过人口普查年度零售贸易调查（ARTS）补充类电商数据所共同确定的。
有偿数字服务	云服务	无需耗费大量管理，且可按需访问的基于计算资源组合的计算服务，包括远程和分布式托管、存储、计算和安全服务。云服务的市场基准价值是使用 2002、2007 和 2012 年的美国人口普查产品线数据估算的。
	电信服务	与电话、有线和卫星电视、电影和视频制作以及广播相关的服务，互联网不在其内。
	互联网与数据服务	提供网络访问，以及在网页上托管、搜索、检索、即时传输内容和信息相关的服务。互联网和数据服务通常与云服务出现在相同的产品类别中，因此可首先确定云服务的市场价值，再由相关产品生产总值相减即可。
	其他有偿数字服务	代表已购买但未归类的其他数字服务。具体而言，指计算机系统设计和相关服务、计算机培训以及电子设备和精密设备的维修和保养等。

二、按活动划分的数字经济产值分析

美国数字经济在 2020 年创造了总计 3.31 万亿美元的当前美元总产值，高于 2019 年的 3.17 万亿美元，增长率为 3.8%。在 2012 年至 2020 年间，美国数字经济实际总产值年均增长率为 4.8%，远高于同期美国整体经济 1.5% 的增速。如图 2-1 所示，有偿数字服务是 2020 年美国数字经济中最大的活动占比，达 43.9%，其次是基础设施（30.9%）和电子商务（25.2%）。

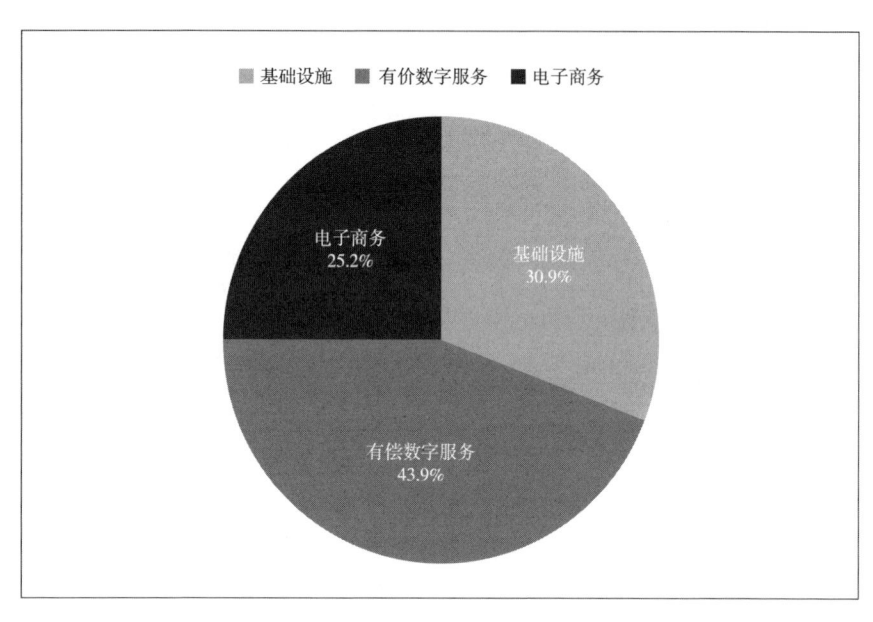

图 2-1　按活动划分的 2020 年美国数字经济产值分析图

2020 年，有偿数字服务的产值为 1.45 万亿美元，按实际价值计算，较上年增长 1.3%，低于 2012 年至 2020 年期间 4.3% 的年均增长率。按子项看，即使电信服务市场在 2020 年经历了业务缩水，但其产值仍占整个有偿数字服务类别的一半。

基础设施在 2020 年报告了 1.02 万亿美元的总产出。在硬件和软件增长的双重推动下，2019 年至 2020 年的实际总产出较上年提升 6.5%，而在 2012 年至 2020 年的区间内，基础设施类别的实际总产出平均年增速为 5.0%。

电子商务在 2020 年贡献了 8 310 亿美元（以当前美元计算）的总产值，较 2019 年实际增幅为 5.2%，几乎所有的增长量都来源于 B2C 电子商务子项高达 22.5% 的高速发展（见表 2-2），而 B2B 电子商务则在 2019 年至 2020 年期间收缩了 0.8%。美国电子商务行业整体在 2012 年至 2020 年期间的实际总产值年均增长率为 5.8%。

表 2-2　按活动划分的 2020 年美国数字经济产值一览

活动类别	子类别	产值（百万美元）	合计（百万美元）
基础设施	硬件	394 437	1 002 201
	软件	627 764	
电子商务	B2B	581 298	831 490
	B2C	250 192	
有偿数字服务	云服务	161 790	1 452 203
	电信服务	754 551	
	互联网与数据服务	202 486	
	其他有偿数字服务	333 376	

三、按行业划分的数字经济产值分析

按行业对美国数字经济进行评估时，数字经济产值的分布和增长相比按活动划分存在明显差异。如表 2-3 所示，2020 年美国数字经济总产出的 80% 以上高度集中于 3 个行业：信息（43.6%）、批发贸易（21.5%）以及专业和商业服务（16.3%）。

表 2-3 按行业划分的 2020 年美国数字经济产值一览

行业	产值（百万美元）
信息行业	1 440 992
批发贸易	711 661
专业和商业服务	539 781
制造业	280 046
零售贸易	261 212
其他所有行业	72 202

2019—2020 年，美国信息行业的实际总产出增长了 4.2%，2012 年至 2020 年期间的年均增长率为 5.6%。广播和电信业务是该行业中最大的子板块，占 2020 年行业总产出的一半。2020 年，美国所有信息行业近 3/4 的总产出归功于数字经济。

2020 年，批发贸易以及专业和商业服务在全美数字经济中的占比分列第 2 和第 3 位，但这两个行业的实际总产出增长均低于平均水平。其中，批发贸易行业下降了近 1 个百分点，而专业和商业服务行业的增长率仅为 0.3%。

相较其他所有行业，零售贸易在 2020 年美国数字经济中的实际总产出增长最为强劲，达 23.0%。自 2012 年以来，零售贸易行业的年均增长率为 12.6%，是美国整体数字经济年均增长率（4.8%）的两倍多。

四、按活动划分的数字经济附加价值分析

2020年，美国数字经济所贡献的附加价值（value-added）总额为2.14万亿美元，高于2019年的2.05万亿美元。按实际价格计算，增长率为4.0%。2012—2020年间，美国数字经济附加价值年均增长率为6.3%。

数字基础设施在2020年所产生的附加价值为7710亿美元，较上一年提升6.6%，硬件（7.2%）和软件（6.3%）板块均实现了强劲增长。2012—2020年的年均附加价值增长率同样为6.6%。

2020年电子商务板块为美国数字经济附加价值贡献了5000亿美元，相比2019年实际增长5.8%，而所有的增长数据都归功于B2C市场在这一年间的迅速壮大。2012—2020年的年均附加价值增长率为5.6%。

2020年，有偿数字服务增添了8690亿美元的附加价值，但年实际增速仅为0.9%。其中，云服务的实际附加价值上升了15.3%，而同期电信服务附加价值却收缩了1.7%。2012—2020年该类别的年均附加价值增长率为6.5%。

五、按行业划分的数字经济附加价值分析

2020年几乎所有的数字经济附加价值都来自五个行业：信息

（40.8%）、专业和商业服务（19.1%）、批发贸易（19.0%）、制造业（10.5%）和零售贸易（8.1%）。

信息作为美国数字经济附加价值额度排名第一的行业，在2020年实现了4.4%的增长，而2012—2020年间的平均增长率为8.2%，均高于同期整体数字经济附加价值的增长速度。2020年，专业和商业服务行业的附加价值仅增长0.6%，远低于2012—2020年6.1%的年均增长率。零售贸易行业实际附加价值的增长最为醒目，达23.9%。自2012年以来，该行业的实际附加价值增长速率一直高于美国整体数字经济附加价值的同期增长速度。

六、按行业划分的数字经济就业和薪酬分析

2020年，美国数字经济雇用了超过780万名全职和兼职员工，相应的薪酬总额为1.09万亿美元。在2012—2020年间，数字经济岗位数量的年均增长率为2.5%，但2019—2020年间下调至1.2%。薪酬方面的增长则更为明显，2012—2020年间，年均增长率高达6.0%，2019—2020年继续攀升至7.3%。专业和商业服务、信息、批发贸易和制造业四个行业的就业人数占美国数字经济总就业人数和总薪酬的85%以上。

专业和商业服务行业在美国数字经济就业市场中位列第一。2020年，该行业占据数字经济总岗位数的30.8%，较上年增长0.2%；占总薪酬的32.1%，增长率为6.2%。在2012—2020年间，数字经济就业年

均增长率为 3.6%，薪酬年均增长率为 6.7%。

信息行业占美国数字经济就业市场的 22.2% 和总薪酬的 28.9%。2019—2020 年，该行业岗位数仅增长 0.1%，但平均薪酬却增长了 7.9%。2012—2020 年的年均就业增长率为 1.3%，年均薪酬增长率为 6.4%。

批发贸易行业占美国数字经济就业市场的 23.6% 和总薪酬的 19.1%。岗位数量在 2019—2020 年间收缩了 0.6%，而平均薪酬增长了 4.5%。2012—2020 年的就业年均增长率为 2.3%，薪酬年均增长 4.9%。2020 年，美国整体批发贸易行业的总岗位数量中，有 33% 都来自数字经济部分。

七、小结

与整体经济的低迷刚好相反，美国数字经济在 2020 年经历了相对强劲的增长，主要得益于与半导体相关的制造业和硬件产业需求在疫情期间的大幅拉升。此外，软件行业、云服务和零售贸易电子商务行业，在 2020 年远程市场需求不降反升的情况下，也显现出快速增长的态势。美国人口普查数据显示，B2C 销售额在 2019 年至 2020 年期间上升了 42.8%，其中大部分来自非实体店零售商。这些新的数字经济统计数据表明，上述经济领域在疫情期间的市场表现明显不同于传统行业，受负面影响甚微。

BEA 数字经济研究在未来将进一步拓展和改进，目前，BEA 正在研究一些经历飞速发展和技术升级的数字经济领域的实验性价格指数，如卫星制造和云服务等。此外，也将继续吸纳更为及时和准确的私营行业源数据，并可能做出针对性的小规模数据修订。最后，BEA也有计划将数字经济统计数据，扩大到当前范围之外的部分领域，如数字中介平台等。

第三节　数字经济统计量化的路径选择

为了紧跟国际数字经济浪潮的发展趋势，更系统地了解数字化对传统贸易和商业市场的影响，ONS已展开精确捕捉数字经济相关数据的研究工作，并于2022年5月5日发布文章《利用行政数据衡量英国数字经济的可行性研究》，旨在为英国政府决策层在税收、贸易、基础设施和安全方面提供更为有效的公开施政参考。

一、准确统计数字经济工作的重要性

近年来，随着数字货币和数字资产的逐渐主流化，英国的数字环境正发生迅速变化，可在线访问的产品和服务的多样性呈指数级增长态势。数据显示，2020年英国有高达96%的家庭已经接入互联网，这

一数字与 2006 年的 57% 相比实现了质的增长。2019 年，英国非金融类商家的电子商务销售额达 6 930 亿英镑。

但是，在面对数字经济的统计工作时，传统的数据提取方法相比数字经济的更新速度已经稍显落后。社交媒体、数字中介平台和在线市场等非传统业务的日益普及在很大程度上改变了企业和家庭的消费状况，全球数字化转型也使人们更容易从境外购买商品和服务，与海外经济体产生直接互动。除此之外，新冠肺炎疫情也使社会的整体消费行为更加向线上模式倾斜。以上因素均在不同程度上导致了真实的数字经济数据未能在现有的数据统计工作中得到准确的反映。

二、ONS 的既有工作进度总结

寻找合适的统计方法对数字经济进行更为精确的衡量，仍然是 ONS 当前的主要任务之一。为此，ONS 正在进行一系列的探索性尝试。例如，在 2018 年的国际服务贸易调查中添加了部分额外项目，用以评估英国企业提供远程交付服务的比例。2020 年，"英国电子商务民调"也升级成为"数字经济调查"，根据国际动态将英国企业所收集的有关数字订单、数字交付产品、数字中介平台、云计算以及电子商务的数据纳入其中，为将来可能推出的英国 SUTs 夯实研究基础。

同时，鉴于共享经济规模的不断扩大以及数字化对共享经济的巨大影响力，ONS 也正准备就所收集的用户真实回馈来对现有的英国数字经济定义做出更新调整，力求在更具广泛性的新版定义框架中包含共享经济的多种特性，并能够对其规模做出更加精确的数据评估。

三、衡量数字经济的两大难点

（一）数据采样

近年来，个人自营微型企业的数量在不断增加，许多此类型企业的营收额低于增值税的起征点，因此未在英国的 VAT（Value Added Tax，增值税）和 PAYE（Pay As You Earn，雇员支付所得税）系统中注册。数据显示，2021 年英国有 290 万家企业（占所有企业数量的 52%）在未注册 VAT 或 PAYE 系统的情况下运营。因此，尽管当前英国衡量数字经济所采取的商业调查模式有着诸多优点，但是以 VAT 和 PAYE 系统主导的样本获取方式可能会使一些小微企业被隔离在调查范围之外，导致其错过统计部门对数字经济规模的预估核算。

此外，消费者对消费者（Consumer to Consumer，C2C）的交易类型也是数字经济框架的一个重要组件。近年来，随着社交媒体、数字中介平台和在线市场使用频率的提升，日常消费者和家庭已经成为数字经济不可忽视的一股驱动力，在数字市场中的参与度也越来越高。但是在目前的统计方法下，C2C 交易却经常被排除在官方数字经济的统计数据之外，导致现行的测量结果出现一定程度的偏差。

（二）数据收集和分类

理想情况下，衡量数字经济的样本库应该拥有足够的广度，以同时覆盖一国经济体中的企业和家庭消费者。但这种定制类型的样本调查，通常需要经历数年的原始评估和认知测试阶段，而且通常伴随相对较高的设计和执行成本。因此，如何提高调查的效率是统计部门所面临的难题之一。

此外，数字化的生产和销售模式催生了许多全新的产品形态，使得部分产品的属性归类变得更加复杂，在"商品"或"服务"的认定之间摇摆不定。因归类不清晰而导致的相关法律管辖权限的模糊，也可能会引发数字执法系统的混乱。同时，海外在线购物的流行，使得大量中低价值的包裹被投递至英国境内，但这种跨境微量交易，在个体层面很难被税收系统捕获，因此在英国的贸易统计中，在这一区域仍存在数据不完整的可能性。

四、利用行政数据的可行性探讨

（一）金融交易数据

为了提高数据调查的成本效益以及提升调查结果的准确度，在尊重国际研究惯例的基础上，ONS 已经着手展开使用多种替代数据源，用以衡量数字经济的相关研究。行政数据（administrative data）是当前的一个主要研究方向。它不仅获取的成本相对较低，而且能够捕获一般样本调查所无法接触的数据，从而最终得出更为精确的数字经济衡量结果。

金融交易数据（financial transaction data）是行政数据中最有发展潜力的子选项。事实上，英国政府早在几年前就已经开始利用金融数据，作为英国经济活动和社会变化的实时监测指标，相关基础性研究和应用条件已经基本成熟。在以样本调查方式获取有关数字经济的初步衡量数据之后，金融交易数据可以成为一个有效的交叉验证工具，对数据的准确度和所涉及的数字交易类型进行二次评估，从而提高最终数据的质量。此外，金融交易数据还能够帮助统计机构，在样本调查对象未能进行有效回答的情况下，产生基于过往交易历史的算法预估值，从而在最大程度上确保统计结果的完整性。

（二）初始化研究

利用金融交易数据评估数字经济项目，已进入可行性研究阶段。基于2019年电子商务调查数据的比较研究结果显示，金融交易数据和电子商务数据，在时间序列上显现出相似的动态趋势。这表明金融交易数据，完全有潜力成为样本调查数据的验证匹配工具和补充数据源。

（三）使用金融交易数据的若干缺点

在上述的可行性研究中，电子商务数据和金融交易数据可用的重叠时段尚不足一年，因此需要更进一步的研究以确定双方数据在更长时间内的趋同性。此外，使用金融交易数据也存在一些缺点，例如，由于数据源的规模庞大且覆盖面极广，一般不太可能通过数据回溯来验证数据提供源（如个人和小微商户）的真实性和关联度。同时，一些企业金融账户内的交易记录也并非完全基于商业目的，在金融交易数据模式下，尚无法做到逐项去验证交易的真实目的和其与数字经济的关联度。因此，未来的研究将需要进一步考虑这些可能影响最终统计结果的实际操作方式。

此外，金融交易数据的采集标准是基于英国现行的商户分类代码（Merchant Category Code，MCC）系统，但利用该系统在收集金融数据时只能进行较为初级的筛选，无法进一步对元数据进行细分归类，这可能导致数字经济数据在某些子类别进行分析时的数据错位。另外，许多企业随着市场形势的变动会选择随时调整所经营的业务范围或所出售的商品/业务种类，但 MCC 系统却无法对此进行针对性的更新，因此有可能导致部分数据的流失。

五、小结

ONS 开展本项研究的主要目的是为了引入一套更为先进的数据

统计方法，使其融入国民账户框架（National Accounts Framework），从而提供更为精确的数字经济统计结果，同时也能对已经获取的相关数据做进一步验证。在实践中，国民账户等统计框架，往往具有严格的产品分类体系。因此，衡量数字经济的重要任务之一，是如何将数字经济形态下的新产品或服务，正确地并入现有的框架体系之下。目前，针对此问题大致有两种解决途径：一是国际业界正在推动的对标准工业分类（Standard Industrial Classification，SIC）和中央产品分类（Central Product Classification，CPC）系统的更新，以求及时反映数字经济模式所带来的动态改变；二是开发面向数字经济的SUTs，从而及时统计那些拥有数字形态却又被现行统计系统排除在外的数字经济活动。

此外，部分数字经济统计工作依赖于对商品和服务之间的清晰界定，但鉴于数字经济业态的不定性和更新速度之快，这可能尚需要一些额外的工作来充分了解数字产品的本质，从而对其进行有效的划分。同时，跨境和境内数字贸易的相交错，以及对数字中介平台所产生的交易地点的认定，也是精准收集数字经济数据所面临的挑战之一，ONS将继续在此方面展开后续研究。

综上所述，ONS认为结合样本调查和行政数据的综合数据调查模式，能够有效改进对数字经济的数据衡量，但仍需要更进一步的研究验证和更为细致的考量。

第四节　电子商务的价值衡量

电子商务是数字经济的最早实现形式,也是当前全球数字经济的重要组成部分。许多国家的官方机构在衡量数字经济规模时,都将电子商务的相关产出列入核心统计范围。例如,BEA 就将电子商务列为美国数字经济的三大基本组成区块之一(另外两大基本组成区块为基础设施和有偿数字服务)。因此,对电子商务整体价值的衡量,是了解电子商务对一国经济指标具体贡献以及制定相关政策的先决条件。此外,对境内电商和跨境电商业务产出进行区分,也有助于更为精确地了解电子商务对一国进出口规模的实际影响。

但是,当前不同经济体所使用的针对电子商务的统计方法种类繁多,且它们在定义、范围、量价方法、问卷和数据来源等方面也存在相当大的差异。在某些国家,甚至根本没有任何正规官方机构去统计和发布电子商务的价值数据。与此同时,许多机构对电子商务的衡量,仅片面注重其电子商务对外(出口)销售数据,而通常忽略对内(进口)的部分,造成了数据统计的不完整,剥离了电商业务对经济国内国际双循环的整体效应。

尽管部分国家已经构建了衡量电商业务价值的基本路径并付诸于实践,但收集更为详尽和准确的价值数据,能够更好地帮助我们回答如下关键问题:境内企业的电子商务活动对一国经济增长、就业、贸易和经济发展有何影响？与现有的普通商务（订购）渠道相比，电子商务在多大程度上促进了额外经济活动的产生？电子商务的订购渠道是否会在一定程度上鼓励用户以境外购买替代本地消费？尚有哪些背景因素会影响上述情况的产生，例如所涉及企业的规模和所在行业、所使用的支付方式、一个国家的贸易开放程度等？

为了响应国际市场对准确衡量电子商务价值日益高涨的需求，并构建一个可靠、详尽且具备国际可对比性的电子商务价值衡量框架，联合国贸易发展会议电子商务和数字经济衡量工作小组于 2022 年 10 月 21 日发布了一份讨论稿——《电子商务价值的衡量》（*Measuring the Value of E-commerce*），就一些关键问题做了广泛且深入的描述和探讨。虽然此讨论稿并非工作小组所要创建的衡量框架的最终形态，但它所涉及的内容涵盖面广，切中要害，对全盘了解数字经济的统计工作有着较高的前瞻意义。在未来，中国的电子商务衡量框架可能也要在联合国的体系下与之接轨，因此提前了解该框架的制定过程和理论基础有着未雨绸缪之意。

一、电子商务的销售额预估

鉴于电子商务销售渠道的日益普及，在此把企业（或参与电商销售的商家）作为衡量电子商务价值的基础统计对象。按价值估算，一个地区市场内电子商务销售总额的绝大部分都由企业贡献，它们一般也是该地区对外在线渠道销售的主要力量。诚然，仅对源自企业的电子商务价值进行衡量，无法完整反映一个经济体中所有电子商务活动形态所创造的总价值（例如，部分家庭和个人也在网上进行电子商务活动），但它仍能有效地在基本面上反映电子商务活动对一个经济体的直接GDP贡献值。因此，企业仍然是宏观经济条件下，衡量电子商务所创造价值的第一主体对象。基于上述原因，本次讨论的范畴侧重于企业端的电子商务销售。

当明确了统计对象之后，数据的来源和筛选就成为关键的一步。当前，世界上不同地区所采取的数据统计方法不同和且数据质量参差不齐，但具有政府代表性的一些正规机构所发布的数据往往是在国际通行的数据统计标准下采集的，从而拥有较高的可信度。因此，为了获得高质量的研究数据，这里选取了各个国家和地区的官方数据统计机构或一些有公信力的大型机构，所发布的相关电子商务数据作为主体数据，包括所有参与欧洲统计系统（European Statistical System，ESS）的国家统计网站和东盟国家所发布的官方数据信息等。

然而，由于可用时间和支撑资源（包括语言资源）的限制，本研究无法覆盖全世界所有官方统计机构的在线信息和出版物。因此，未来可能会依据统计数据库的内容更新对所获得的研究数据进行适当的调整。此外，许多非洲国家和不发达地区由于客观条件的限制，其数字化程度偏低，且不存在可以引用的官方数据，但这在整体上并不削弱电子商务价值衡量工作产出成果的实际应用意义。希望通过研究，能够协助搭建一个被国际认可的电子商务价值衡量通用框架，从而为世界上所有国家和地区在数字经济的标准化衡量方面提供可能性。

图 2-2 显示了 2012—2020 年间，依据官方发布数据所推算的全球电子商务较为活跃地区的电商销售总额估值。如图 2-2 所示，美国仍然占据全球电子商务市场的领军位置，其 2019 年电商销售总额突破了 8.5 万亿美元。总体而言，几乎所有统计对象（经济体）的电商交易总值都出现了明显的增长趋势，尤其是受新冠肺炎疫情和俄乌冲突等突发事件的影响，电子商务市场的需求得以进一步释放，持续拉升动力强劲。由此可见，随着全球市场数字化程度的不断加深，未来一段时期里，电子商务市场的发展仍会以正面增长为主要趋势，消费者的日常需求进一步向在线端靠拢。

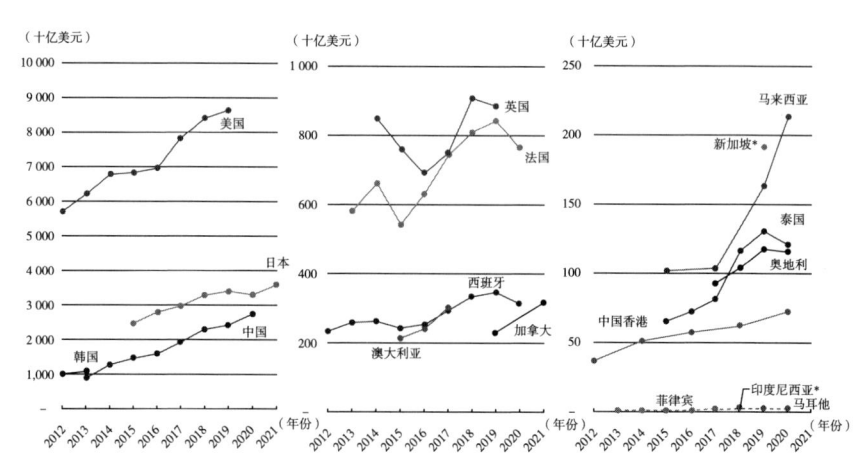

图 2-2 2012—2020 年以当前价格统计的全球主要电商市场销售总额一览

二、两个基本概念

在收集电子商务销售额的具体统计数据时，统计机构通常会向参与电商网络的企业和商家询问一个基本问题：您的企业（在一段特定时期内）从电子商务业务中赚了多少钱（How much money did your business earn from e-commerce [in a given reporting period]）？为了更加科学地界定这个看似通俗的基本问题的回答界限，有两个重要概念首先需要得以厘清，即"电子商务"（e-commerce）和"所赚的钱"（money earned）。

（一）电子商务

OECD早在21世纪初就制定了一份国际公认的电子商务定义，并在2009年进一步精确化为如下释义：电子商务交易是指经由计算机网络，通过专门为接收或发出订单而设计的特殊系统所进行的商品或服务的购买和销售。交易双方可以通过上述方式订购商品或服务，但商品或服务的实际付款和最终交付不一定也通过在线模式执行。电子商务交易可以发生在多个对象之间，包括企业、家庭、个人、政府以及其他公共或私人组织等。

在该定义下，所有通过网页、外联网或电子数据交换发出的订单，以及经由视频通话和社交媒体渠道完成的订购项目，都被纳入电子商务的范畴之内。该定义一经推出，即被国际社会广泛采用，尤其是在OECD

成员国以及参与欧洲统计系统的国家中，它被作为衡量电子商务价值的标准定义使用。值得一提的是，联合国贸易和发展会议对电子商务的定义版本也使用了上述定义作为基础，并做出了一些修正，在部分细分条款上存在不同意见，如是否将"经手打输入的电邮订单"计入电商计量范围之内。但是，此举从整体上不会对电商价值的衡量流程产生重大影响。

（二）所赚的钱

在明确电子商务的定义之后，统计部门就可以相对直接地对企业电子商务的进账情况进行询问。然而，由于财务会计体系中所实际采用的概念和执行差异，不同经济体对营收的数值计量也有所不同。例如，欧洲国家倾向于要求使用"营业额"（turnover）作为衡量指标，而其他地区的经济体则习惯于使用"销售额"（sales）/"营收"（revenue）/"收入"（income）/"收据额"（receipts）等数值。这些不同概念的收纳范围也会因当地的会计规则不同而存在差异，从而导致对电商价值的计量有所出入。

同时，大部分国家在报告电商销售额时，所申报的数值仅为"净额"，未包含连带征收的销售税额。但是，在一些国家（如印度尼西亚和泰国），所申报的数字为连带税款的总额。此外，部分国家规定，在数字平台上从事中介服务或互联网金融服务的商家在申报营收数额时，仅需申报通过业务所赚取的佣金（中介费）数额即可，而不用申报所背书的业务订单总金额。

三、提取电子商务价值的主要方式

问卷调查是当前国际上提取电子商务价值的主流方法，统计机构可以直接从企业端口获取第一手数据。但是在实际操作中，不同地区的处理方式存在差异。一般而言，存在两种提取电子商务价值数据的方式：直接式（direct approach）和份额式（share approach）。按照直接式的原则，统计机构要求商家直接报告其电子商务销售额的货币价值（四舍五入到最接近的整数货币单位），而份额式则要求受访商家提供营业总额的货币价值，并同时说明其电子商务销售额占该总额的百分比，再由此推算获得数据。

图2-3显示了两种电商价值提取方式在国际上的使用情况。由图可知，有相当多的国家和地区为受访者提供了两种选择（即交集区域），商家可按实际情况灵活选择。对大多数统计机构而言，由商家直接申报电商数值仍是第一选择，而在无法获取清晰的货币价值时，获取占比份额也不失为一种有效的选择。除此之外，当直接货币价值和占比份额二者均无从得知时，商家也可根据实际运营情况提供一个估算值。

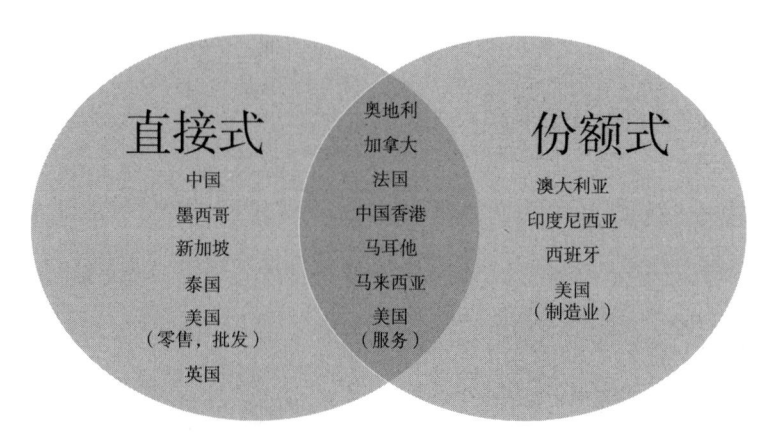

```
直接式              份额式
中国      奥地利      澳大利亚
墨西哥    加拿大      印度尼西亚
新加坡    法国        西班牙
泰国      中国香港    美国
美国      马耳他      （制造业）
（零售，批发） 马来西亚
英国      美国
          （服务）
```

图 2-3 不同经济体提取电商价值方式的选择情况一览

值得注意的是，采取何种数据提取方式并不是一成不变的，经济体在数字经济形态不断发展的过程中，根据当地电商市场的实际，也可以灵活切换数据衡量的方式，形成数据收集的最优解。例如，澳大利亚统计局在 2018 年由直接式切换至份额式，而 ONS 则由份额式转换为原先的直接式。

四、跨境电子商务

在评估电子商务的经济效应时，甄别境内和跨境电子商务销售是重点任务之一。首先，跨境电子商务活动不仅帮助企业打开了国际销售端口，贡献了出口价值，而且直接促进了经济增长并拉动了 GDP 增长。同时，跨境电子商务也是数字化贸易的关键组成部分。对大部分企业而言，电子商务提供了一种成本低廉且高度自动化的订单获取方式，从根本上扭转了企业需依靠自身力量进入国际市场的不利局面，成为克服贸易壁垒的最佳手段。因此，电子商务对出口有着极大的正面促进作用。其次，电子商务在拉动出口的同时，也同样刺激了进口数量的增加，全球市场商品和服务的多样性使得本土企业直接面临国际一线的价格和质量竞争。当电子商务推动一国的进口增长大于其出口增长时，境内企业的竞争劣势有可能会被放大，甚至会对整体经济的发展起到负面效应。因此，对跨境电子商务所带来的效应要从贸易、就业、发展、竞争等多方面进行综合评价。

但迄今为止，在国际上只有为数不多的国家和地区公布了企业跨境电子商务销售的统计数据，如英国、法国、加拿大、泰国等。其余多数国家只声称进行了相关数据的收集，但并未在官方渠道公开发布直接的跨境电商数据。在数据可收集的所有国家中，跨境电商销售额在电子商务销售总额度的平均占比约为16%，跨境电商销售额平均约占一国商品和服务出口总额的10%，后者的具体比例从泰国的5%和马来西亚的7%，到英国的18%不等。此外，数据的进一步分析显示，一国跨境电商销售的增长趋势并非总是同其商品和服务总出口量的增长保持一致。例如，2016—2020年间，加拿大、马来西亚、西班牙和泰国的总体出口量均出现下滑态势，但这些国家的跨境电商出口额却在同期实现上升。由此可见，跨境电子商务对出口的拉动效应在不同国家之间和不同时期之间存在相当大的差异，仍需要收集更广泛而且具备可比性统计价值的数据，来具体分析电子商务与出口之间的关系，从而得出具有国际普适性的结论。

收集跨境电商销售明细数据的方法大致和上文所表述的电商价值提取方式相一致，即要求商家在申报电商销售总额的同时，也告知其境内和境外电商销售的占比份额。在一些国家，譬如加拿大，还会进一步地向商家问询以地区分类的跨境电商销售数值，从而取得更加细分的数据结论。但鉴于部分商家数据统计的不规范性和境外客户的未知地理位置，此做法可能不具备普遍适用性。

总而言之，跨境电子商务仍是数字条件下一国进出口市场的重要组成元素，也是国际数字贸易的基本表现形式之一。为了弥补当前的数据统计短板，我们需要在如何衡量跨境电商价值方面达成一个具备国际共识的可用框架，并鼓励更多国家的统计机构收集和公布跨境电商数据，从而在为更加有效的国际贸易政策制定流程提供数据支撑的同时，也能对跨境电商的出口和进口进行双向思考，整体权衡跨境电商和数字贸易以及经济发展之间的多方关系。

五、小结

衡量数字化转型是经济体设计和施行可循证发展政策的关键组成部分。然而，数字技术和数据对经济的全方位渗透，以及各部门各行业间数字化程度的差异，使得衡量数字经济的工作异常复杂，并导致业界缺乏对"数字经济"这个综合概念的系统性了解。从短期看，衡量数字经济的主要挑战在于提高当前一系列衡量指标的国际横向可比性，并增强各国统计系统的灵活度，使其能够对数字和数据技术的快速发展所引起的新概念和新现象做出及时反应。从长远看，衡量数字经济的主要难点在于，设计一套新的跨学科数据收集方法并最大限度地利用由数字技术和数字设备所捕获的信息。此外，下一代的数据基础设施建设，需要由政府同私营行业以及利益相关方建立合作伙伴关系，谋求共同发展，从而提高数据的可信度，并让其中具备代表性的数据在政府的决策过程中起到辅助作用。

第三章

数字资产定性与申报及会计准则

鉴于数字资产市场的持续扩张和数字交易对象及交易方式不断出新，现行关于国际金融资产交易的申报和信息交换体系，已经无法对数字维度的金融行为形成全面有效的覆盖。与此同时，许多市场从业者也在面对数字资产的会计处理时产生诸多疑惑和计量混淆。因此，有关数字资产的定性、申报要求以及会计准则的更新修订，是全球数字资产市场迈向系统化、标准化监管过程中的重要步骤之一。

第一节　数字资产的定性与申报

为了化解数字资产市场的隐藏风险，强化机构监管手段，OECD 财政事务委员会于 2022 年 8 月批准了《加密资产报告框架》（*Crypto-Asset Reporting Framework*，CARF），并于 2022 年 10 月 10 日正式对外发布。该框架是基于 2014 年所颁布的《通用报告标准》（*Common Reporting*

Standard，CRS），专门针对数字加密资产的一次重大规则修订，在 2022 年 10 月份召开的第四次 G20 国家财长和央行行长会议上进行了专题通报，并交与会议成员小组审议。其中涉及数字资产关键条目的定性部分和申报规则具有潜在的国际通行标准意义。

一、关键条目的统筹定义

现行数字资产市场管理的难点之一在于，在法规层面对涉及数字资产领域的若干个关键条目，缺乏清晰和国际统一的定义标准，不同国家和地区对这些条目的法律定位参差不齐，造成了实际操作中的偏差和混乱。本次 CARF 修订案的主要贡献之一，就是在 OECD 层面，对这些条目做出了统一的法规定义。

（一）加密资产

CARF 修订案提议，"加密资产"应指代价值的数字表示形式，它依赖于加密保护的分布式账本或类似的技术来验证和保护交易。此处，"价值的数字表示"是指加密资产必须代表申领价值的权利，并且该价值的所有权或权利可以以数字方式交易或转让给其他个人或实体。与此同时，代表对个人或实体的会籍申领权、财产申领权和其他绝对或相对的权利，并且可以以数字化的方式兑换成法定货币或其他加密资产的加密币，也应归类为加密资产的一种。

"加密资产"一词，旨在涵盖任何依赖加密保护的分布式账本或类似技术来验证和保护交易的价值数字表示，其中此类价值的所有权或权利，可以交易或转让以数字方式发送给其他个人或实体。因此，"加密资产"一词也覆盖了可替代与不可替代的代币，其中包括了那些以数字方式发送给个人或实体的，代表可交易或转让的收藏品、游戏、艺术品、实物财产或财务文件的权利的不可替代代币。

"相关加密资产"（Relevant Crypto-Asset）是指除了央行数字货币、特定电子货币产品（Specified Electronic Money Product），以及经服务提供商确定的不能用于支付或投资目的的加密资产之外的其他任何形式的加密资产。

2022年10月，由美国金融稳定监督委员会（Financial Stability Oversight Council，FSOC）发布的报告《数字资产的金融稳定风险和监管》（*Report on Digital Asset Financial Stability Risks and Regulation*），也正式对"数字资产"和"加密资产"的所涉范围作出了定义。在美国FSOC的体系下，"数字资产"代指两类产品："央行数字货币"和"加密资产"。

其中，"加密资产"是指基于密码学、分布式账本或类似技术，且由私营行业发布的数字资产，包括通常被市场称为"币"（coin）或"代币"（token）的一众数字资产形式。虽然实际市场中也存有其他涉及价值表现的资产形态，但只有当此类资产的技术基础"依赖"于分布式账本或类似技术时，才能被归类为"加密资产"。例如，一些托置于中央证券托管处的股权证券，也同样拥有价值的数字表现形式，但其价值的根本所有权仍是通过集中管理的方式进行记录，而并非经由分布式账本等去中心化技术。因此，它并不符合此处对加密资产的定义。

此外，加密资产还可以根据其可能对金融稳定产生影响的某些特征进行二次细分。例如，一些加密资产的特性能让其与本国货币或其他参考资产的稳定价值进行挂钩，此类加密资产被称为"稳定币"。另外，一些加密资产通过"经授权的区块链"（Permissioned Blockchains）进行交易，即区块链的中央管理方对访问权限进行特定的授权限制，仅允许符合要求的用户使用。而在"无需许可的区块链"（Permissionless Blockchains）技术模式下，所有用户均能参与交易，并允许任何用户向分布式分类数字账本记录和添加数据。

综合以上两个权威机构的官方信息，我们可以总结出二者在数字资产定性方面的相通之处，即"加密资产"的定性必须以"是否使用并依赖于分布式账本或类似技术"为基本判定点。

（二）服务提供商、电子货币产品、交易和转移

CARF修订案提议，"需申报的加密资产服务提供商"（Reporting Crypto-Asset Service Provider）是指作为一种商业手段，直接为客户或代表客户提供加密资产交易服务的任何个人或实体。所认定的行为包括为加密资产交换所提供的中介活动，或帮助客户和交易平台的衔

接等。

"特定电子货币产品"是指任何符合以下条件的加密资产：

（1）以数字形式存在的单一法定货币；

（2）在收到用于支付交易的资金时所签发的凭证；

（3）以同一法定货币计价的债权凭证；

（4）由除发行人之外的自然人或法人接受付款的凭证；

（5）由发行人依法签发的，可随时应持有人要求赎回，且以相同法定货币面值计算的凭证。

"相关交易"（Relevant Transaction），是指任何通过交换手段所进行的交易，以及相关加密资产的转让。"交换交易"（Exchange Transaction），是指任何相关加密资产和法定货币之间的交换，和一种或多种形式的相关加密资产之间的交换。另外，"需申报的零售支付交易"（Reportable Retail Payment Transaction）是指价值超过 50 000 美元的商品/服务和相关加密资产之间的转移。而"转移"（Transfer）的定义，则是指将相关加密资产从一个加密资产地址或加密资产账户移进或移出的交易过程，注意，以上账户并不是指由需申报的加密资产服务提供商代表同一加密资产用户的替代操作账户，并且在交易发生时，该服务提供商无法根据所掌握的信息来判定此交易是否符合交换的性质。

（三）用户、投资实体、机构和资产

"需申报用户"（Reportable User），是指作为需申报人的加密资产用户，"加密资产用户"是指为了进行相关交易，而作为需申报的加密资产服务提供商客户的个人或实体，而"需申报人"（Reportable Person）是指除特定情形之外的，必须按规定申报的司法管辖区内人。同时，"需申报的司法管辖区内人"是指在一个司法管辖区内，且受该辖区税法管辖的实体、个人或该辖区内居民的遗产。

"投资实体"（Investment Entity）是指包括以下特征的任何实体：

（1）为客户或代表客户开展以下一项或多项活动或运营的企业，如交易货币市场工具（支票、汇票、存款证、衍生工具等）、外汇、汇率利率和指数工具、可转让证券或商品期货交易、个人和集体投资组合管理、以其他方式代表他人投资或管理金融资产、资金或相关加密资产等；

（2）总收入主要来自金融资产或相关加密资产的投资、再投资或交易业务。

"金融机构"是指托管机构、存款机构、投资实体或特定保险公司，其中"托管机构"是指为他人持有金融资产作为其大部分业务的任何实体。此外，"金融资产"指代证券、合伙权益、商品、掉期、保险和年金合同，或者是证券、相关加密资产、合伙权益、商品、掉期、保险和年金合同中的任何权益。但是，它并不包括不动产的非债务直接权益。

二、四个重点

（一）所涉及的加密资产范围

CARF 修订案中所拟议的"加密资产"定义，重点介绍了用于加密保护的分布式账本技术，这种技术是支持加密资产创建、持有和转让的决定性要素。此外，该定义还囊括了其他"类似技术"，以确保该定义也能够匹配在未来因新技术发展而出现的新型加密资产，以及因此而出现的相应税务问题。总而言之，加密资产的定义明确针对那些以去中心化方式所持有和转移，且无需传统金融中介机构干预的资产类型，包括稳定币、以加密资产形式发售的金融衍生品，以及部分 NFT 产品等。

同时，在"相关加密资产"的申报要求中，排除了仅构成有限税务风险的三类加密资产。第一类是经"需申报的加密资产服务提供商"鉴定，不适用于支付或投资目的的加密资产。它的逻辑基础是由"金融特别工作组"（Financial Action Task Force on Money Laundering，FATF）对虚拟资产所设定的定义范围，旨在排除那些不具备支付或投资功能的加密资产。第二类是央行数字货币，因为它是央行或法定货币当局的债权代表形式，其功能类似于传统银行账户中持有的货币。第三类是代表单一法定货币的"特定电子货币产品"，它的特性除了满足某些特定要求外，还可以按约随时以相同的法定货币面值赎回。（补充：对金融账户中持有的央行数字货币和某些特定电子货币产品的申报要求将参照之前的 CRS 版本进行管理。）

综上所述，此次修订中提出的对"相关加密资产"的广泛定义，意味着在大多数情况下，被 CARF 所涵盖的相关加密资产类型同时也属于 FATF 所建议的范围之内，从而确保尽职调查要求能够尽可能地建立在现有反洗钱（Anti-Money Laundering，AML）和客户背景调查（Know Your Customer，KYC）义务的基础之上。

（二）受约束的对象

中介机构和其他服务提供商在促进相关加密资产之间的交换、相关加密资产与法定货币之间的交换，以及加密资产市场的发展等诸多事项中起着核心作用。它们的职能就是通过最好、最全面的手段获取相关加密资产的价值信息，从而帮助客户执行最佳的加密资产交换服务。为了规范行业服务，直接或间接（代表）向客户提供服务以实现相关加密资产交换/交易的企业或个人，将在 CARF 的框架下，被视为"需申报的加密资产服务提供商"。同时，它们也将被要求在参照 AML/KYC 准则的基础上，收集和审查客户所需要提供的各种信息。

上述功能性的定义，不仅将加密资产的专业交易机构囊括在内，同时还覆盖了其他多种提供加密资产交换服务的中介机构和服务提供商，如相关加密资产的经纪人、中间商以及加密资产 ATM（Automatic

Teller Machine，自动取款机）的运营商等。同时，为了避免企业重复申报的问题，CARF 还创建了一些层级结构的申报规则，从而防止加密资产服务提供商与多个司法管辖同时产生关联。

除此之外，加密资产服务提供商在一个采用 CARF 规则的司法辖区内，满足以下任意一项性质要求时，也会被 CARF 自动视为申报条款的管理对象：

（1）是该辖区内的纳税人；

（2）在该辖区内依法注册成立，具有法人资格并按当地税法管理；

（3）在该辖区内实施了企业管理行为；

（4）在该辖区内拥有固定的营业地点；

（5）通过位于该辖区内的分支机构进行相关交易。

（三）申报要求

在本次法案框架的设计中，相关加密资产和法定货币之间的交换，一种或多种形式相关加密资产之间的交换，以及相关加密资产的转移（包括需申报的零售支付交易）这三类交易将被视为"相关交易"并纳入 CARF 的申报管理范围之内。

进行申报时，所涉及的交易将按相关加密资产的类型进行汇总式报告，并分为朝外（outward）交易和朝内（inward）交易两种类型。为了提高申报数据在税务机关的实用程度，交换类交易的申报应在"加密资产到加密资产"和"加密资产到法定货币"两种类型之间做出区分。根据CARF的设定，对于"加密资产到法定货币"的交易类型，支付或接收的法定货币金额将申报为收购金额或总收益；而对于"加密资产到加密资产"的交易类型，则双向加密资产在收购时的市场价值和处置时的总收益也必须以法定货币的形式进行申报。在此种处理方式下，任何"加密资产到加密资产"类型的交易将生成两个可申报的节点，即加密资产A被处置和加密资产B被收购。前者的价值申报基于市场价值的总收益，后者的价值申报则基于收购时的市场价值。此外，需申报的加密资产服务提供商还应在合理的知识储备水平上，将申报信息按加密资产转移的类型（如来自资产质押或贷款的收入）进行分类。

在实际市场运作中，纳税人在加密资产服务提供商所涵盖的服务范围之外，也会进行一些相关加密资产的持有和转让。如何对这一部分进行合理的申报，已经成为税务机关所关注的问题之一。为了收集这些申报范围之外的交易数据，CARF要求加密资产服务提供商代表加密资产用户对那些流入未经虚拟资产服务商或金融机构注册的数字钱包内的加密资产的数量单位和总价值进行主动申报。对于部分可能存在问题的线索，税务机关还可以从多种信息渠道更进一步地收集有关此数字钱包和其绑定的加密资产用户的其他相关信息。

CARF的申报要求同样也适用于一些涉及加密资产的高额交易。例如，当加密资产服务提供商代表商家接收以相关加密资产形式支付的对商品或服务的款项时，该服务提供商有义务将此付款的客户也视为"加密资产用户"，并依据当地的反洗钱法规对其身份信息进行核对，同时申报该笔交易的数额。这样，税务机关就能及时追踪相关加密资产的去向并对可能存在的资本收益进行征税。

（四）尽职调查程序

CARF 的主体架构中也包含了"需申报的加密资产服务提供商"应遵循的尽职调查程序，即服务提供商应主动甄别其加密资产用户，依据相关税收辖区内的规则收集和申报所需的相关信息。这一要求旨在使服务提供商能够有效且可靠地确定其个人用户、实体用户以及操控某些实体用户背后自然人的真实身份和税务信息。

当加密资产服务提供商发展新的个人客户，或者在本修订案生效后的 12 个月内与既有个人客户重新建立联系时，该服务提供商必须获取一份自我证明文件（self-certification，包含姓名、出生日期、住所、税法辖区、税务编号等信息），同时辅以多种基于 AML/KYC 准则的相关信息，来共同确认个人加密资产用户的有效所属征税地址，并审核所获取文件的合理性。此外，在任何时间段，如果个人加密资产用户的申报情况发生了变化，导致原始的自我证明文件出现信息不匹配或错误，那么加密资产服务提供商必须重新展开调查并获取有效的新证明文件。

同理，当加密资产服务提供商发展新的实体型（entity）客户，或者在本修订案生效后的 12 个月内与既有实体型客户重新建立联系时，该服务提供商必须获取一份自我证明文件，同时辅以多种基于 AML/KYC 准则的相关信息及根据反洗钱法规所收集的任何文件，共同确认实体型加密资产用户的有效所属征税地址，并审核所获取文件的合理性。

如果实体型加密资产用户申明其没有固定税收地址，则服务提供商可以依据该实体用户的实际有效管理地点或主要办事处的地址来判定所属的税务管辖区域。

三、基本解读

围绕上述四个领域内的规则修订，为即将落地的加密资产全球性统一监管，增添了一份强有力的可行法规框架，它具有诸多优点。首先，有意识地将所涵盖的加密资产范围扩大化，并以"类似分布式账本技术"的定义，为将来新型加密资产的潜在面世定下了征税基调，有效封闭了投机商利用定义的范围有限来规避缴税的通道。其次，用"伞式"定义将从事加密资产之间以及加密资产与法定货币之间交换业务的所有中介机构均纳入管理，明确了中介商应履行的申报和背景调查义务，以及四种必须申报的交易类型，增加了市场的透明度，从客观上增强了普通交易者在参与加密资产交易时的安全性。最后，在 CRS 的基础上，进一步完善了加密资产服务提供商的尽职调查要求，提高了监管、加密资产中介商、客户三者之间的信息流通效率，规定了客户参与交易的基本信息申报要求，并划定了申报不合规则必须退出市场的红线，保障了交易双方的合法性。

在发布CARF的同时，OECD还依据各国政府和企业在实际市场运作中所获得的经验和遇到的实际困难，对既有的CRS模块提出了一系列附加修正案，旨在使其监管的范围跟上市场更新的步伐，从而全面涵盖数字金融产品及其运营。部分在当前的监管模式下可能疏报漏报的区域，如利用金融衍生工具进行的加密资产间接投资，也将被纳入申报归正范围。其次，一项颇受市场欢迎的改动是，通过引入一项全新的"免申报金融机构"类别，将那些符合条件的"真正的"（genuine）慈善机构归入其中，从而豁免此类机构的申报要求。此举不仅能让资金更好地集中于能为社会带来实际福祉的机构，也大为减轻了监管机构的工作负担。另外值得注意的是，央行数字货币和一些特殊指定的电子货币产品的申报要求，不在此次CARF的框定范围之内，而仍按之前的CRS条款来进行管理。这在宏观上折射了央行数字货币亟待发行的总体趋势，也在微观上意味着一些加密资产的发行方可能不得不同时接受这两种模式的监管。

对于市场中那些可能会受到本次CARF修订或CRS规则更新影响的企业或实体，应主动对修正案所涉及的内容展开解读和研究，对现行业务模式下有可能会被纳入申报要求的任何板块进行重点分析。在进一步明确所属法律辖区之外，也应主动关注和收集任何与CARF正式法规化的态势进展信息，对时间进程能有大致的把握。同时，对照修正案所提的申报要求并依据KYC的程序，预先对已有的客户和投资者进行信息提取和调查，并建立适当的尽职调查程序，备好预案。最后，还需审查本单位交易信息的收集状况，并开发和维护一个有效的交易信息收集、申报和预警系统。

四、未来动向

截至本书撰写时，本次发布的 CARF 修正案的具体实施时间表还未公布，在接下来一段时期，OECD 将在考量不同法制辖区实情的前提下，就其中的部分环节做出进一步的微调，以避免规则重叠和执行中信息的重复申报。同时，OECD 也将同步制定相关业务文书，以促进 CARF 框架下的国际信息交流，并收集来自各个法律辖区的意见反馈，以求修正案能够在不同地区以统一的监管规范同时生效。

第二节 数字资产会计准则

一、市场背景

数字资产市场和底层技术正快速发展，市场上涌现了多种不同类别的新型数字资产，如加密币、加密资产、平台代币或法定支持的稳定币等。其中，加密币是最为常见的数字资产子集，目前其总市值约为2万亿美元。截至2021年年底，比特币和以太坊作为流传度最广的两种加密币，市值分别达到了8 740亿美元和4 400亿美元。二者相加之和，已经超过了全球黄金储备总市值（约10万亿美元）的12%。

随着数字资产的日渐普及，市场参与者都普遍反映现有会计准则中缺乏针对数字资产的及时更新，为涉及数字资产的企业经营和财务决策带来了诸多不便。美国证监会在2021年12月的一份声明中曾表示，收到许多与数字资产相关交易的问题反馈，涵盖的主要问题包括：数字资产被认定为资产或负债的时限、数字资产的基础成本，以及营收认定方面的考量。同时，美国财务会计准则委员会（Financial Accounting Standards Board，FASB）也于2021年发布调研，邀请各方对FASB未来标准制定的议程提出反馈意见，而绝大多数受访者都将数字资产视为重中之重。在522份回复中，有445份明确表达了对数字资产会计处理的重点关注。

因此，基于市场态势和未来发展趋势，有必要在现有美国会计原则（Generally Accepted Accounting Principles，GAAP）和国际财务报告准则（International Financial Report Standard，IFRS）的基础上，及时研究并引入涉及数字资产的会计替代方法，从而更为精准地反馈数字资产财务信息。在此背景下，国际掉期交易协会（International Swaps Dealers Association，ISDA）于2022年5月，发布了名为《数字资产会计法则的若干关键考量》（Accounting for Digital Assets: Key Considerations）的研究报告，对涉及数字资产的关键会计领域做了系统性分析，这对国际范围内的会计行业和从业者而言，具有非常重要的前瞻性和研究意义。

二、数字资产市场的主要参与方和相关产品

（一）金融技术提供商

提供数字资产相关服务的金融技术提供商或金融科技企业的数量一直在稳步增加，此类企业通常通过电子交易平台的形式，允许个人用户购买、持有、出售和转移数字资产，其平台运作模式类似于芝加哥商品交易所等传统金融机构。美国一些大型加密币交易所，如Coinbase等，还向其数字资产平台的用户提供一些额外的金融服务，例如信用卡和借记卡类型的新产品，方便用户对名下的数字资产进行更加多样化的日常管理。此外，在过去几年中，代币筹发（Intial Coin Offering，ICO）的接受度也在提升，其原理相当于利用虚拟的数字资产进行市场公开募股，一些初创金融科技企业对此尤为偏好。

（二）银行机构

在数字经济浪潮下，许多传统银行和金融机构也不甘落后，纷纷开始提供与数字资产相关的产品和服务，设立专门交易柜台，为客户

提供数字资产敞口，包括数字资产参考基金、数字衍生品、结构化票据等。同时，一部分金融机构也开始涉足数字资产借贷业务，数字资产的持有者可以利用类似抵押融资的方式将其数字资产，租借给交易方并从中收取费用。另据毕马威提供的信息，几家全球性银行已经开始尝试合作参与私有区块链网络的实际金融应用，内容包括交易回购协议的执行等。

（三）托管业务

2020年7月，美国货币总稽核办公室（Office for the Comptroller of the Currency，OCC）发表声明，承认并允许国家银行为数字资产提供托管类服务。在此消息引导下，商业银行也开始为客户提供交易托管ETF类产品的业务，如用数字资产作背书的ETF基金和票据等。

（四）数字金融衍生品及交易

数字资产衍生品通过鼓励投资者挖掘市场价差和允许风险对冲，来提高数字资产市场的透明度和流动性。芝加哥商品交易所专门为此开设了交易渠道，允许用户通过比特币期货和期权交易工具来对冲数字资产的价格风险。2021年10月，芝加哥期权交易所收购了加密资产衍生品交易平台ErisX，正式进军数字金融衍生品交易行业。近期数据显示，加密币衍生品市场份额呈健康增长态势，在整个数字资产市场中所占的比例持续拉升。

（五）监管方

围绕数字资产市场的监管问题一直是最具争议的热点话题之一，其中一个关键论点是数字资产是否应作为投资型的证券产品，从而划归于证监会的监管框架和投资者保护条例之下。2022年3月，拜登政府签署了行政命令，发布了有史以来第一个针对数字资产利益和风险的整体行政规划，首次在六个关键优先领域明确了美国政府对数字资产市场的战略安排：消费者和投资者保护、金融稳定、非法融资、美国在全球金融体系中的领导地位和经济竞争力、普惠金融和负责任的创新。

三、数字资产类型的划分

目前，关于数字资产类型的划分还未有国际统一的标准，在此，将数字资产大致分为两种形式：原生数字资产和有基础资产背书的数字资产。

原生数字资产仅作为数字资产存在，不代表其他任何资产的任何合法或专有权益。比特币即是一个常见的范例，它是一种纯数字化的交换媒介，由加密数据字符串组成，通过区块链进行点对点的转移或交易。用户对比特币的所有权仅限于数字形式，且不代表对其他资产的任何权益。

有基础资产背书的数字资产通常利用在现实市场中流通的其他种类资产，按法规或特殊的约定运作机制，保障所关联的数字资产的基本权益和价值。具体运行方式可参考锚定法定货币的数字稳定币。其是一种虚拟的数字资产，但内在价值却与事先约定的法定货币相挂钩，可通过平台进行流通，并且通常具备"赎回"特性，能够从发行者处按约换取基础法币。例如，USDC 是一种与美元挂钩的稳定币，发行者声称每个 USDC 都由持有的美元储备或其他资产（例如国债）支持，因此可以 1∶1 兑换成现金。在近期 Luna 币一夜崩盘的利空背景下，且不论法币稳定币的市场前景如何，但其现行利用其他类型资产做基础抵押的运行机制确实同比特币等"纯数字货币"有着明显区别。

此外，全球多国一直在积极推进央行数字货币（CBDC）项目，但 CBDC 从根源上是一种代表国家主权的法定数字货币，是发行国法定货币的虚拟数字形式替代。因此，CBDC 同现行流通货币一样，是一种价值符号，应显著区分于其他类型的数字资产。就本文所聚焦的会计特性与数字资产内容（见表 3-1），CBDC 不在本次讨论范围之内。

表 3-1　不同类别的数字资产及其会计/金融特性一览

数字资产类别	基础定义	示例	会计/金融特性
加密币（原生数字资产）	点对点流通，非政府官方发行，独立于央行运作并旨在充当交换媒介或价值存储的数字资产。	比特币、以太坊等。	使用过程中是否产出现金流：否，加密币用户主要使用其作为交换媒介的功能。 价格的变动：价格由市场需求决定，部分波动较大（如比特币）。 交易是否发生盈亏：是，实际交易价格决定盈亏。 现金参与度：加密币可通过现金（或数字现金）购买，部分加密币则需要用其他类型的数字资产进行"物物交换"。 投资者是否受法规或保险保护：目前尚无，部分国家正考虑进行立法进程。
稳定币（有基础资产背书的数字资产）	稳定币通常由发行方在收到用户或第三方所支付的法定货币后创建或"铸造"，其价值通常与传统资产（如美元）挂钩或由其他资产充当抵押品，发行者承诺可随时用用户意愿按稳定币面值赎回。	Tether币（用美债、商业债券等资产组合建造资金池用作抵押）或USDC币（由私营行业发行的数字化美元稳定币）等。	使用过程中是否产出现金流：否，用户可以通过将稳定币转移到数字资产交易平台的方式赚取收益；或将稳定币作为贷款和保证金交易的抵押品，以换取股权或回报；或直接作为在线支付的手段。 价格的变动：价格由市场需求决定，部分波动较大。 交易是否发生盈亏：否，稳定币的发行初衷之一就是维持价值的稳定。 现金参与度：稳定币可通过现金（或数字现金）购买，部分加密币则需要用另外类型的数字资产进行"物物交换"，稳定币之间的运行条款也不同，赎回机制可能存在较大差异。

续表

数字资产类别	基础定义	示例	会计/金融特性
商业/平台代币（有基础资产背书的数字资产）	●有资产背书的代币：其价值完全依赖于另一种以非区块链形式存在的资产，是代币所有者拥有所背书实际资产份额的数字凭证。 ●商业代币：仅用于特定消费目标的勾兑使用。	●拥有特定资产背书的代币，如黄金币、钻石币、房产币等。 ●去中心化交易平台（Chainlink、Binance等）所发行的代币。 ●NFT产品。 ●平台币，如脸书一直欲推行的Libra（后称Diem）项目。	使用过程中是否产出现金流： 否。 价格的变动： 价格变动可能由所背书的资产价格决定。 交易是否发生盈亏： 是，交易价格减去成本即可得。 现金参与度： 可通过现金（或数字现金）购买，部分代币则需要用其他类型的数字资产进行"物物交换"。
数字证券（有基础资产背书的数字资产）	代表所有者在法人实体中所持经济利益的数字资产，它也可能代表所有者收取现金或其他金融资产的权利。特定情况下，它也代表着对企业的决策进行投票的能力。	●代表特定股权的股权币。 ●代表特定证券的证券币。 ●代表特定金融衍生工具的代币。	使用过程中是否产出现金流： 是，取决于数字证券的具体种类。作为金融债券的一个变种，它同样也能带来分红收益和利息收入。 价格的变动： 价格变动可能由所背书的资产价格决定。在有金融衍生工具参与的情况下，数字证券的价格认定可能需要多个不同交易平台的成交价格做参考。 交易是否发生盈亏： 是，交易价格减去成本即可得。 现金参与度： 可通过现金（或数字现金）购买，部分数字证券则需要用其他类型的数字资产进行"物物交换"

四、会计准则的调整

(一) 现有数字资产会计实践的常见问题

数字资产的应用使现有的交易和商业流程变得更便利、更高效,且更具包容性。但是,随着技术发展的日新月异,数字资产的覆盖范围也变得日益广泛,不断地衍生出新的种类。同时,许多数字资产的市场操作目的也从数字金融工具演变为投机性投资的对象,从而被大量资管公司和个人投资者所持有。例如,比特币最初的设计目的是作为一种价值的交换形式而存在,用途类似于加密后的现金,但近年来比特币交易市场的最大驱动力来自纯捕捉利润的投机性交易。市场的多样化让针对数字资产的会计判定和处理也成为一个业界争议的难点所在。

首先,这一细分区域缺乏明确的会计准则指导。按照以往的操作惯例,许多企业采用 ASC 350-30 的计量原则对数字资产进行会计衡量,即对数字资产的处理方式等同于对"商誉"等无限期无形资产的处理方式,按成本减去累计摊销和减值损失进行计量。但此种计算方式却并不匹配数字资产的最新市场经济态势,因此无法反映这些资产的真实性质和价值。按照 ASC 350-30 的计量原则,加密资产应按其成本记录在案,尔后,当该资产的公允价值低于其记录价值时,再进行减值测试(impairment test)。减值测试一般每年进行一次,当市场发生重大变化或发生其他可能导致账面减值的事件时，才需要进行中期减值测试。如果确定该资产发生减值，企业将减少该无形资产在资产负债表中的账面价值，并在利润表中确认不可逆转的损失。因此，持有大量数字资产的公司可能需要报告重大减值损失以应对市场波动，即使数字资产价格在稍后某个时间点上涨，也会对拥有方的资产负债表产生永久性的负面影响。例如，对持有比特币作为部分资产的企业而言，由于比特币价格的市场波动非常明显，如果仅仅采用年终账面价值对这部分数字资产进行衡量而忽略了其当前的市场价值，则会造成市场对企业财务报表的错误解读，从而引起人为的市场波动。

其次，在 GAAP 现有规则下，企业可以自主选用不同的会计方法对资产成本进行核算，如 LIFO（Last-in, First-out, 后进先出法）或 FIFO（First-in, First-out, 先进先出法）。在缺乏任何具体指导的情况下，实践中不同企业所采用的方法可能存在差异，因此对盈亏数额确认的金额和时间造成影响。而对于经常进行数字资产交易的企业来说，由于数字资产的价格可能在极短时期内发生重大变化，缺乏清晰的会计准则认定为评估数字资产的减值带来了难题，造成了额外的财务运营负担。

再次，由于数字资产的市场操作面大幅铺开，有越来越多的企业开始寻求金融衍生工具来对冲数字资产价格波动的风险。在现有会计框架下，一部分企业将数字资产认定为无形资产记账核算，以对冲总价格风险。在拥有同类型数字资产的情况下，使用不同的成本计算方法以及与减值的相互作用可能会导致套期会计应用的复杂结果，并增加财务报表分析的难度。

在数字资产大规模应用的背景下，会计准则应准确地反映数字资产的性质、流动性和价值，并与数字资产交易和投资的市场总体形势相匹配。因此，我们需要对现行会计准则做适当的更新。

（二）公允价值计量选择权

毕马威在 2022 年 3 月份的一份报告《加密资产的会计方法》（Accounting for Crypto-Assets）中明确指出，很多企业在实践中对数字资产进行会计处理时发现，传统现金、现金等价物或金融资产的会计归类方法无法应用于数字资产，而发生此种情况的根本原因在于现行 GAAP 和 IFRS 规则下均缺乏针对数字资产的具体标准。在缺乏清晰界定的情况下，一些企业倾向于将所拥有的数字资产视为"无限期无形资产"进行会计核算，此举可能导致不可逆转的会计减值，使得企业对数字资产的未来发展心存忌惮。因此，有必要对会计准则做合理的调整，使所有类型的企业和投资者都能够应用统一的标准，在资产负债表上清晰地反映其所拥有的数字资产的真实价值。

公允价值计量选择权（Fair Value Option，FVO）是一个比较理想的解决方案，它可以较为准确和及时地记录数字资产价值的波动，并如实反映于资产负债表之上。现行会计准则 SFAS No.159 中规定，企业的董事会可以在三种情况下决定对金融资产和负债采取 FVO 方式，而数字资产的计量原理同样也符合该条款的规定。采取 FVO 能够降低企业因为资产和负债的不同计量属性所导致的收益波动，为数字资产和数字负债之间的抵消变化提供更一致的会计处理。同时，以公允价值对数字资产进行会计处理可以避免资产负债上资产和负债方之间的会计错配，为报表的分析方提供关联性更强和更易于理解的数字资产信息，显著提高分析效率。

在实际应用中，企业在采取 FVO 方式披露其数字资产时，需要仔细考虑他们所持有的每一种数字资产的实际情况，同时也可以使用以下分层级的定价方法：

第 1 级：实际市场中同类型的资产和负债，在会计计量当日的可获取且未经调整的报价；

第 2 级：实际市场中同类型的资产和负债，除公开报价外的任何其他可观察到的直接或间接价格；

第 3 级：不可观察到的价格。

此外，在某些特定数字资产缺乏易于确定的公允价值的情况下，企业可以参考会计准则 ASC 321-10-35-2 中所提供的相似股票证券的计价指导，相应加减价格的损益，反映数字资产的真实价值。

综上所述，考虑到数字资产的新特质以及与其他类型资产的明显区别，现有的会计准则并不能充分支持数字资产的价值计量，因此应考虑搭建一个新的会计细分框架，专门反映企业所持有和交易数字资产的市场现象。FVO 计量方式不仅较为真实地反映了数字资产的价格波动,而且能帮助投资者从企业的财务报表中提炼出更为有用的参考信息,因此毕马威推荐 FVO 作为解决此问题的候选方案。

五、会计准则制定机制

作为当前国际两大会计准则体系 GAAP 和 IFRS 的制定者和管理者,FASB 和 IASB(International Accounting Standards Board,国际会计准则理事会)也已经注意到了市场对数字资产会计计量的诸多问题反馈,在 2022 年均针对此方向做出了官方回应。其中,由于美国数字资产市场的活跃度最高,交易量也最大,因此 FASB 的回应也相对更加积极。

2022 年 5 月 11 日,FASB 董事会决定在其技术议程中增加一个关于数字资产会计的专题项目。

2022 年 8 月 31 日,FASB 董事会圈定了纳入该专题项目的数字资产和实体范围,并规定对象实体所持有的加密资产必须满足以下标准才能适用于新修订的规则:

(1)符合编纂主词汇表(Codification Master Glossary)中无形资产的定义;

(2)不向资产持有人提供所背书商品、服务或其他资产的可执行或索赔权;

(3)该加密资产经分布式账本或"区块链"技术创建或驻留;

(4)由密码技术提供保护;

（5）是可替代的（fungible）。

2022年10月12日，FASB董事会做出决定，要求对象实体参考Topic 820的所述规则，对纳入上述范围内的加密资产以公允价值方法进行会计计量，并于每一个报告周期，都在实体的综合收益中确认该资产公允价值的增加或减少量。同时，还明确指出，在获取加密资产过程中所产生的某些成本（如佣金等），也可以被认定为费用。

IASB做出的回应相对有些滞后。2022年6月下旬，IASB董事会主席在一次公开声明中表示，未将加密货币的会计调整项目添加至正式的工作议程中，IFRS体系下数字资产的会计处理方式暂时维持现状不动。IASB认为，目前市场中加密货币的性质基本符合IFRS规则下对无形资产的定义，而且市场参与者关于此议题的回馈意见也未能充分支撑对规则作出修改的必要性。但同时IASB也强调，有可能会在未来重启对加密货币的专题研究，也会持续关注FASB对此议题的处理方式更新情况。

六、小结

即便业界对数字资产的定性和申报形成了相对统一的认知，即便官方机构在数字资产会计准则的更新方面取得了实质性的进展，但是一个重要因素仍然不应被忽略，即现有的数字资产规则和会计准则能在多久的时限内维持其有效性。

NFT产品的不断发布，代币化解决方案、去中心化管理架构以及去中心化信息交换等新型数字科技应用的落地表明，数字资产的规模化发展才刚刚起步。当前，加密行业发展迅速，市场已经走在了监管的前头。因此，任何行业规则和操作规范，都需要不停地观察市场发展进程，收集第一手市场反馈信息，并依此做出自我更新，以适应和配合技术的进步。另外，监管的强度设定也必须秉持审慎的态度，既不能听之任之，也不能过于保守地设置不必要的行政障碍。数字资产是一个极具潜力的新事物，我们要以包容的态度观察其发展，并使之以正确合法的方式为数字经济的大环境服务。

第四章

数字贸易和数字消费

数字贸易和数字消费是数字经济发展日趋活跃的两个重要方面，也是市场化程度最高的经济形式，是充满活力的新增长点。从发展趋势看，数字贸易新空间不断拓展，数字贸易形式不断创新，数字化服务比重不断提高。同时，数字消费规模日益扩大，数字消费场景不断拓展，数字消费活力持续增强。

第一节　美国数字贸易发展新动向

2022年2月，美国商务部发布《数字贸易革命：美国市场主体如何从数字贸易协定中获益》(*The Digital Trade Revolution: How U.S. Workers and Companies can Benefit from a Digital Trade Agreement*)，特别强调在"数字十二国"合作框架基础上，通过谈判达成具有约束力的数字贸易协定，以确保美国在数字贸易方面的领先优势。

一、美国数字贸易规模化发展

美国数字贸易呈规模发展之势，大部分服务出口都是以数字贸易方式实现的。数字贸易在美国数字经济中占有重要地位，BEA 的数据显示，2019 年美国数字经济总值超过 2 万亿美元（注：BEA 对数字经济的衡量范围涵盖数字基础设施、电子商务和有偿数字服务三个方面），约占美国全部经济总值的 10%，数字经济增速约是整个经济增速的 3 倍。其中，数字服务占美国数字经济规模的 2/3。

2020 年数据显示，虽然出口仅占服务业增加值的 7.1%，但出口占传统制造业的份额则是它的 3 倍，进一步凸显数字化服务贸易的巨大发展潜力。2020 年，美国向全世界出口了价值 840 亿美元的 ICT 服务，均来自与信息技术和数据流动直接相关的行业，如电信服务、计算机软件服务、云计算、数据存储以及其他计算机服务等行业。美国 ICT 服务出口贡献的价值量，几乎与美国飞机和航空航天产品出口数额相当（850 亿美元），远高于农作物出口（730 亿美元）、石油产品出口（620 亿美元），以及汽车出口（540 亿美元）。

然而，与具有数字化交易潜力的服务业相比，目前 ICT 服务出口还只是九牛一毛。美国将具有数字化交易潜力的服务业统称为"潜在的 ICT 增强服务"，它涵盖的内容比较广泛，从建筑工程到旅游规划，都在其范围之内。在报告中，"ICT 服务"和"潜在 ICT 增强服务"被统称为"数字化服务贸易"。

从 2011 年至 2020 年，"潜在 ICT 增强服务"出口增加了 1 410 亿美元（增长 46%），而"ICT 服务"出口增长额仅为 210 亿美元（增长 33%）。2020 年，美国"潜在 ICT 增强服务"的出口额为 4 450 亿美元，约占美国服务出口总额的 66%。新冠肺炎疫情导致航运、旅游和运输等许多"实体"服务出口急剧下降，2020 年数字化服务贸易出口在美国服务出口总额中的地位更加突出。

二、美国数字贸易遭遇群体化竞争

随着数字贸易领域的竞争加剧，各种形式的贸易壁垒逐渐增多，对美国数字化服务贸易出口的前景带来诸多不确定性。数字化服务贸易的壁垒，主要包括数据本地化要求、跨境数据流动限制、侵犯知识产权、强制性技术转让、违反 WTO 贸易最惠国待遇规定对部分外资企业实施歧视性法规、违反 WTO 协议精神的政府采购限制以及一系列监管障碍等。在某些极端情况下，这些措施有可能被专门用来针对美国企业。

此外，由于技术更新换代速度加快，如果政策工具不能快速跟上技术更新的节奏，那么这些落后的监管规则很快也会成为壁垒本身。如果不能有效加以控制，其扩散效应可能会影响数字化服务贸易出口主体的潜在利益。

为了量化数字贸易壁垒，欧洲国际政治经济中心于 2018 年曾发布

"数字贸易限制指数",对世界 64 个国家和地区限制数字贸易情况进行了评估。结果显示,许多国家都对数字贸易施加了额外的限制措施,最终提高了企业和消费者的贸易及消费成本。这些国家拥有对美国企业具有重大商业意义的大型新兴市场,这也加深了数字保护主义可能造成的影响。

此外,信息技术与创新基金会(Information Technology and Innovation Foundation,ITIF)的相关研究报告,进一步揭示了数字化服务贸易壁垒的跨境扩散。报告指出,全球实施数据本地化强制措施的国家数量在四年内增加近一倍。从 2017 年的 35 个国家扩大至现在的 62 个国家和 144 项相关限制措施,另有数十项措施正处于酝酿过程中。数字化服务贸易壁垒的增加,不仅会阻碍数字经济发展,而且有可能使经济体的整体生产效率放缓。ITIF 的研究还发现,一个国家的数据限制度每增加 1 个百分点,其贸易总产值将减少 7%,其生产力会降低 2.9%,并在五年内使产业链下游价格上涨 1.5%。

三、美国欲主导区域化数字贸易协定

美国商务部同时列出有关美国数字贸易发展利益的优先事项,作为区域数字贸易合作条例的出发点。

（一）跨境数据流动

跨境数据流动以及跨境访问信息的能力，对于数字经济发展至关重要。如果缺乏数据传输的能力，任何行业的任何公司，都无法在数字经济模式下正常开展业务，更不要说从事国际贸易。数据自由流动对于创建全球价值链同样重要，不仅能够提高企业的效率，还能使各种不同规模的企业获得对接全球市场的机会。但是，全球数据本地化措施的激增令人担忧，对数据过度保护将产生负面影响，并对经济增长和新的市场机会构成威胁。为应对数字贸易壁垒的蔓延，政策制定者需要对支持数据跨国自由流动做出承诺。

（二）数据保护

数据保护和尊重隐私具有公认的必要性。隐私保护对不同情况下的不同用户有着不同的意义。但是，如果过度强调优先保护用户的数据，往往会损害消费者利益并对创新起限制作用。最佳的监管模式应避免僵化的数据保护理念，更多采用精细化的方法，以对各种类别的数据进行更加精准的识别，从而使企业能够以合理合法的途径使用用户数据，消费者也能获得知情权，同时让数据的跨国流动更加顺畅。

（三）数据治理与创新

数据是数字经济的核心，对数据收集和使用方式的监管、法律、法规和标准同样非常重要。数据推动创新，进而促进经济增长和增加收入。政府必须认识到数据是企业通过大量投资而创造出来的资源，即数据是制造出来的，而不是被动拾取的。因此，数据的存在实际上加大了市场竞争的力度。政府应避免实施过激政策来控制非个人数据的共享、访问和所有权。

（四）加大对人工智能的信任和创新力度

人工智能是全球数字经济发展的重要支撑，提高公众对人工智能技术的信任度，对于推进负责任的 AI 开发、部署和实际应用非常必要。各国政府应在这一快速发展的领域共同努力，并致力于建立灵活和基于风险的管理框架，从而鼓励在人工智能方面的创新并开展跨境合作，推进健全和可交互的场景应用。在适度监管下，人工智能才有可能成为造福全人类的重要力量。

（五）营造优质的监管环境

为了应对经济数字化发展，有必要加强政府监管，这应成为全社会的共识。然而，审慎的态度对于监管政策具有决定意义。随着数字经济发展，可能需要对监管法规进行灵活设计以应对新的机遇和挑战。而现有的监管框架或许在风控方面仍然有效，但对于促进有效竞争、加快数字经济发展可能会起到抑制作用。因此，监管规则的制定应当经过深思熟虑和充分协商，而且该过程还必须受监管实践的约束，允许企业和个人充满信心地进行贸易、投资和创新活动。

（六）非歧视原则

无论是涉及数据层面还是其他领域，非歧视原则是达成任何贸易协议的基础。事实证明，遵守开放市场承诺和非歧视性原则的国家和企业，在创造和开发新的数字产品方面取得了比其他国家更明显的进步。同时，那些成功地将优秀产品推向市场的企业，不应该因为它的成功而被置于不公平地位，促成这种成功的国家也不应该受到歧视性待遇。

（七）禁止强制技术转让和确保自主选择

一些国家强制要求企业本地化，强制企业进行技术转让以作为市场准入条件，这样的做法违反了全球基于规则的交易体系标准。这种做法既阻碍了投资，也扼杀了创新，并剥夺了经济体从数字产品和服务中获得变革性好处的机会。此外，不应强迫任何企业将其技术（包括源代码和专有算法）转让给竞争对手或政府。企业应能够自主选择他们认为最适合其业务运营的技术，而不仅仅局限于本地技术，或是那些竞争力较弱的技术。

（八）开发基于风险的网络安全解决方案

网络攻击降低了民众对日益依赖技术的经济体的信任，国际法规应该对网络空间进行覆盖。应用网络法规对于建立一个开放、可操作和安全可靠的数字基础设施环境至关重要。同时，对于支持国际商业发展、加强国际安全、促进创新具有重要意义。此外，还应该重视与私营企业的合作。为了应对快速变化的网络威胁，政策需要侧重于灵活性，建立基于风险的网络安全防范机制，充分利用国际标准和技术框架，促使私营部门开发解决特定网络需求的解决方案，并进行国际化扩展。同时，加密技术正越来越被视为增强数字生态系统私密和安全性的高级工具，需要适当的政策倾斜以支持其发展。涉及加密技术的有关政策和程序，应该在认真考量多行业立场的同时，保持合理性和技术中立地位。

第二节　电子商务未来发展的七大趋势

2022年5月，BEA把电子商务、数字基建和有偿数字服务，作为数字经济架构的三大支点。Shopify研究部发布的《2022年全球电子商务行业发展趋势》研究报告，对数字消费和电子商务的未来发展趋势进行了分析和梳理。数据显示，2022年全球电子商务销售额预计将达到5.5万亿美元，占全球零售总额的20.3%。其中在线商务端的销售额占比明显上升，预计比2020年提高17.8%。面向未来，全球在线销售行业仍将保持增长态势，到2025年，预计全球零售电子商务在全球零售总额中的比重将超过23%，其销售额将突破7.3万亿美元。

一、维持供应链的弹性

近半个世纪以来，全球供应链管理一直围绕三大要素运行：全球化、低价化和最小库存化。但是，新冠肺炎疫情对传统供应链运转带来冲击性影响，工厂停工停产、港口出现货物堆积、数字设备所依赖的芯片更是出现了全球断供现象。据相关预测，全球供应链系统最早要到2023年才有可能恢复"正常化"。供应链中断的发生频率和严重程度愈演愈烈，凸显传统链条运作模式的缺陷，暴露了全球物流网络在自然灾害和区域局势不稳定影响下的脆弱性，同时也暴露出宏观管理制度的相对滞后。

因此，全球在线零售企业必须转变观念，提高供应链和物流管理的优先级别，更加重视增强供应链的弹性。同时，要做好应急预案，争取在遭遇"断链"后的最短时间内，恢复能保障企业最低限度流转的供应链运行状态。此外，对供应链上的关联企业发起并购，从而维持供应链的自主性也是有效措施之一。以美国老牌服装企业 American Eagle 为例，这家企业最近以 3.5 亿美元的价格收购了 Quiet Logistics，将其在美国经营的 8 个大型中转中心囊括旗下，这是该公司继 2021 年 8 月收购航运解决方案提供商 AirTerra 之后新的并购行动。这些案例表明，零售行业正在发生巨大转变，许多原本将物流等价值链下游业务外包给第三方的行业领军企业正在调整战略，开始将相关业务重新纳入业务版图，以降低断供的风险，提高企业供应链的弹性。

二、移动购物和社交商务

电子商务行业的另一个新增长点来自移动购物，或称移动商务，即用户通过移动设备（如智能手机或平板电脑）随时随地地浏览并完成在线购物。随着全球智能设备使用数量和频率的持续提升，移动零售行业继续扩大。到 2022 年，智能手机端电子商务零售的销售额预计将超过 4 320 亿美元，远高于 2018 年的 1 480 亿美元。移动购物应用程序在 B 端和 C 端用户中都变得越发流行，有 1/5 的美国购物者表示每天会多次使用购物应用。

新冠肺炎疫情也对全球电商行业的发展进程产生了重大影响,随着线下实体购物渠道受阻,越来越多的购物者开始涌向互联网进行日常采购。有分析指出,新冠肺炎疫情将购物从线下转移到线上的趋势至少加速了5年。未来几年内,移动商务将继续爆发式增长,品牌自营购物应用程序、5G通信和社交购物等技术的大幅进步,将使移动购物变得更快捷、更具黏性。例如,在2021年美国传统感恩节购物季,Shopify的商户们通过移动端所实现的销售额占全部在线消费额的71%。

同时,社交商务作为移动购物的一个分支,近年来也开始逐渐发力。通过社交媒体平台的在线销售额到2025年将增长两倍。2022年,有49%的品牌对社交商务内容进行了投资,主要的营销渠道包括短信购物、脸书Messenger、抖音和Instagram等主流社交媒体平台。中国市场在社交商务方面已经建立了领先优势,有近一半的中国消费者表示已经开始在社交平台上购物。2021年中国的社交商务销售额已超过3 510亿美元,而美国目前则只有约30%的消费者表示对社交平台购物感兴趣。

三、先买后付模式的全球化趋势

先买后付的消费方式在近年来逐渐趋势化,并开始在国际范围内受到多国消费者的追捧。摩根大通指出，消费者采用新的购物和支付方式的意愿逐步提升，移动商务、跨境商务和先买后付正呈现全球化趋势。在使用延期付款服务的用户群体中，年龄在45岁以下的约占75%，60岁以上的购物者群体也有逐渐增加的迹象，先买后付将成为全球各地互联网消费支付的一种普遍现象。随着多个领先BNPL品牌地位的逐步巩固，以及数字钱包和银行之间日渐形成的长期合作伙伴关系，BNPL有可能在未来的全球支付体系中占据最大的市场份额。

总部位于瑞典的BNPL公司Klarna报告称，在美国市场的强劲增长助推下，2021年1至3月，其平台的使用交易量急剧增加，商品交易总额从一年前的99亿美元激增至189亿美元。在澳大利亚，30%的成年人拥有BNPL账户，其中年轻购物者的使用率尤其显高，新西兰也报告称BNPL的使用量在显著增加。来自日本的企业Paidy于2021年与PayPal合作，让日本购物者通过移动钱包访问Paidy，并允许日本消费者在任何接受PayPal的国际支付端口使用Paidy。BNPL在德国市场也有上佳表现，已占据所有付款方式的30%，到2024年，这一比例将进一步升至33%。BNPL品牌Twisto在捷克和波兰共拥有160万用户，并于2022年将业务扩展到东欧市场。从2021年到2028年，BNPL在越南市场的复合年增长率预计将达到36%。先买后付已经成为新型互联网消费模式里不可忽视的新赛道。

四、元宇宙和互动购物

元宇宙概念的诞生吹响了电子商务在虚拟世界竞争的号角，它创建了一个虚拟的商业世界，打破了传统的消费边界，消费者无论身在何处，都可以通过网络在虚拟世界中获取沉浸式的产品体验。一众全球性品牌正不遗余力地调整商业战略部署，以大手笔投资押注虚拟购物行业，并在不同的电子商务平台上尝试推出增强现实和虚拟现实零售业务。

例如，耐克和古驰在多人游戏 Roblox 中举办了时装秀，阿迪达斯与著名的 Bored Ape Yacht Club 合作推出了 NFT 系列，并在韩国社交头像应用 Zepeto 上推出了互动体验。法国时尚巨头 Balenciaga 则开始在 Fortnite 上销售服装，Charlotte Tilbury 等美妆品牌也纷纷在其在线商店中建立元宇宙虚拟商店。这是一种全新的、需要技术和网络支撑的电子商务模式，由于它是一种消费模式创新，当务之急是培养消费者对这种虚拟消费模式的基础兴趣，这是做大这块市场蛋糕的根基所在。

五、亚太地区和中国市场的高速增长

得益于快速城市化和技术进步、中国市场的持续崛起，以及新中产阶级数量的快速增长，到 2023 年，亚太地区的零售电子商务销售额预计将超越全球其他地区的总和。数据显示，2021 年中国的电子商务销售额是美国市场的 2 倍多。同时，亚太地区和中国的制造业完成了产业转型，在 B2B 商业模式方面比美国更具成本和规模优势。但是，由于中国互联网市场的一些特殊性质，部分国际商务网站在中国地区的加载率远低于平均水平，从而拉低了网站转化率（onsite conversion rates）和搜索引擎排名，部分国际社交平台和搜索引擎缺乏直接获取中国客户资源的渠道。

为了进一步发掘中国市场电子商务行业的潜力，让中国消费者接轨国际消费潮流，国际电商巨头正在尝试各种可能性，尽可能地同中国市场建立联系。一个较为突出的例子是 Shopify 与京东进行的战略合作，该合作使入驻 Shopify 在线商店的美国企业可以通过在线发布商品的方式，实时无缝对接拥有超过 5.5 亿购物消费者的中国市场。而京东则负责通过货运航班将货物从其美国仓库运送到中国以完成交付。该合作伙伴关系将海外品牌在中国的销售流程从 12 个月成功缩短至 3 至 4 周。

六、跨境语言转换

根据专注商务国际化的企业 Flow.io 所发布的调查报告，超过 67% 的全球消费者表示曾经进行过跨境购物。近 20% 的受访者表示，语言不通是在境外网站消费的一大障碍，而在跨境消费度最低的日本和韩国市场，这一比例甚至分别上升至 41% 和 36%。另外，在能够使用英文进行网络活动的购物者群体中，超过 66% 的受访者表示并无意愿在非英文网站进行消费。因此，商业语言的本地化对跨境电子商务极为重要，直接关系到销售的成败。良好的语言转换能力能够为用户创造优质客户体验，反之，语言转换功能的缺失则会为跨境购物设置人为障碍，直接导致客源的流失。

七、批发销售的线上拓展

除了传统面向 C 端的在线销售，B2B 电子商务的发展势头也是近年来备受关注的市场热点之一。面向 B2B 买家和卖家的垂直和专业市场开始步入高速发展期，许多在原则上以消费者为导向的零售商和品牌，越来越频繁地对第三方市场进行投资。而新冠肺炎疫情导致供应链受阻，同时也让更多的商户开始重视从 B 端获取持续货源供应的能力。

因此，批发型在线商务的发展也成为电子商务未来发展的重要趋势之一。许多像 UNFI 这样的传统批发中间商正式推出了网站销售渠道，提升了批发销售的效率和透明度。与此同时，一些专注于连线独立零售商和批发商的企业开始兴起，打通批发行业的堵点，让 B 端的货源对接更加数字化和精细化，有效地帮助零售商减轻了库存压力。资本和零售巨头对线上批发销售行业的持续关注和投资，将继续催生这个细分行业的新兴业态，最终对电子商务行业的整体升级起到一定助推作用。

第三节　电子商务趋势与数字消费发展

发展数字消费是大势所趋，是电商模式创新的必由之路。电子商务作为平台经济基本形态和数字消费主要形式，随着数字化不断深入，电商模式持续优化升级，将在促消费、扩内需中继续发挥不可替代的作用。电商发展虽颇具争议，但通过数字赋能呈现蓬勃发展之势。这里通过中美两国电商发展实践，帮助读者深入认识电子商务融入数字消费的发展过程。

2022年3月15日，Adobe数字经济指数发布了一份有关美国新冠肺炎疫情期间电子商务市场的调研报告，提供了一组重要数据。从2020年3月到2022年2月，在美国新冠肺炎疫情最为严重的时期，美国消费者的在线消费总量达1.7万亿美元，比之前两年的总和多出6 090亿美元。

Adobe预测，2022年美国市场的年度在线消费额将首次突破1万亿美元，其整体市场消费呈现以下特点。

一、通货膨胀推升电子商务的增长额

在线通胀（online inflation）于2020年6月被首次发现，且在后续的21个月内持续对美国市场产生影响。在新冠肺炎疫情期间美国消费

者所产生的 1.7 万亿美元在线消费额中，有 320 亿来自价格上涨的因素。换言之，这一期间消费者为相同数量的商品多支付了 320 亿美元。这种影响在 2021 年最为明显，在线通胀的数值达到了 220 亿美元。然而，通货膨胀似乎并没有降低美国消费者的购物热情，2022 年的前两个月，美国市场就已经贡献了 1 380 亿美元的在线支出，同比增长 13.8%。

二、美国电子商务市场的主要消费领域

数据显示，2021 年食杂商品、电子产品和服装这三类商品占据了年度在线消费额的 41.8%，是驱动美国电子商务市场的主要消费动力。

（一）食杂商品

2020 年，食杂商品行业以电商形式取得了突破性进展，在线支出总计达 737 亿美元，同比增长 103%。受新冠肺炎疫情因素影响的拉动，2021 年该项支出继续保持增长，达 792 亿美元，同比增长 7.2%。美国电商消费者平均每月花费 67 亿美元用于购买杂货，远高于新冠肺炎疫情前的 31 亿美元。Adobe 预计该消费类别在 2022 年的总值有望进一步上探至 850 亿美元。

（二）电子产品

作为美国电子商务市场占比最大的消费类别，因新冠肺炎疫情期间消费者室内活动时间激增，电子产品在美国电商行业的领头羊地位得以巩固。2021年电子产品贡献了1650亿美元的在线消费额，同比增长8%，占据了18.6%的市场份额。但由于其他消费部分的快速增长，相比较之下电子产品所占的市场份额反而略低于2020年的18.8%和2019年的21%。美国消费者在电子产品上的月均花费为136亿美元，相比新冠肺炎疫情前的99亿美元有大幅增长。Adobe预计，2022年的电子产品在线销售额可达1740亿美元。

（三）服装类商品

美国服装行业受新冠肺炎疫情拖累，市场需求增长明显放缓。2020年，在线服装消费额为1158亿美元，同比增长9.1%。而同期电子商务的消费额同比增长高达41%。2021年美国在线服装消费也实现温和增长，消费总额为1262亿美元，占美国电商消费总额的14.3%，低于2019年的18.5%，与2020年（14.2%）大致持平。新冠肺炎疫情进一步拉大了服装消费与电子产品消费的差距，2019年在线服装消费总额比电子产品消费总额少144亿美元，但到了2021年，其差距已扩大至388亿美元。即便如此，服装消费仍是在线消费的重要部分。据

Adobe 预测，服装类商品在 2022 年的美国电商市场销售额将突破 1 300 亿美元。

此外，美国在线消费市场面临一些值得特别关注的新情况。首先，受供应链运行不畅影响，很多商家出现了供给短缺的现象。美国消费者在 2020 年 3 月至 2022 年 2 月期间，收到了共计 600 亿条缺货信息，预计这一趋势在 2022 年仍将持续。其次，先买后付方式开始被更多的美国消费者所接受。BNPL 订单在 2020 年 10 月至 11 月间，同比增长 528%，总营收同比增长 412%。2022 年年初出现增长放缓的迹象，但 BNPL 的需求依然强劲。再次，无接触取货的方式开始普及。由新冠肺炎疫情带来的对健康和安全的担忧，推动了这一需求的迅速增长，越来越多的美国消费者开始注重取货的速度和便利性。截至 2022 年，这一取货方式已占所有在线订单的 20%，一跃成为市场主流模式之一。

三、中国电商市场发展概况

根据摩根大通 2021 年发布的《全球电商趋势报告》（Global E-commerce Trends Report），中国坐拥 1.9 万亿美元的电子商务市场规模，排名世界第一，占中国零售市场总额的 30%。预计到 2024 年将实现两位数增长，年复合增长率（Compound Annual Growth Rate，CAGR）为 16.6%，在全球市场位列第一梯队。同时，中国的中产阶级数量正在不断增加，预计到 2022 年将达到 5.5 亿人，约是美国人口规模的 1.5 倍，他们将成为中国未来电商市场消费的中坚力量。但是，中国的人均电商消费仍然偏低，每年仅有 2 058 美元，约是美国和英国市场人均电商消费额的一半。

（一）智能设备主导的移动优先购物模式

数据显示，中国用户平均每天在智能手机上所花费的时间为 3 小时 6 分钟，2022 年将进一步增至 3 小时 30 分钟。中国的电商市场已经完成由定点在线向移动模式购物的转变，64% 的电子商务消费额来自移动设备端口。在这些移动在线交易中，65% 的销售额是由应用程序贡献的。因此，基于应用程序的电商服务优化对于商家而言至关重要。微信、拼多多和抖音等超级社交应用程序，已使直播成为中国电商市场的一个重要领域，在利润丰厚的美妆市场中尤其占据主导地位。

（二）数字支付方式日臻成熟

数字钱包已成为当今中国市场最主要的电商支付方式，一键式的数字支付方式深受用户欢迎，占所有已完成交易量的 59%。其中，支付宝支付和微信支付，得益于其背后所支撑的超级应用程序和一体式平台网站，占据了绝大部分中国数字支付市场份额。这两大数字支付程序持续深耕中国市场，不断针对中国消费者的特点推出服务更新以巩固其市场地位。借记卡和信用卡是中国市场第二受欢迎的支付方式，市场份额为 21%。紧随其后的是银行的第三方转账服务，市场份额占 15%。

（三）跨境、团购和二手商品

尽管中国境内的电商市场提供了大量的商品选择和服务创新，但跨境电商仍然是中国消费者的购物热点之一。据统计，39% 的中国消费者有过从境外购物的经历，跨境电子商务占整个电子商务市场的 13.5%。其中日本（24%）、澳大利亚（14%）和美国（12%）是最受欢迎的三大海外购物目的地。

中国电商市场的创新速度极快，在一些领域引领全球电商新趋势。例如，团购业务板块在中国一直呈上升趋势，购物者在团购时可以获得大幅折扣，拼多多的成功就是一个典型案例。此外，2020 年中国的二手（或闲置商品）购物市场规模已达 10 亿元人民币，这是中国市场向可持续发展和包括接受二手商品的更广泛的商业文化转变的一个缩影。

第四节　正确认识电子商务发展

电子商务自出现以来，就饱受争议，在质疑声中仍一路前行，不断发展壮大，其整体规模和市场影响力，以及对经济社会发展的贡献有目共睹。尽管如此，仍有反对者认为，电商剥夺了线下购物的"自由选择"，缩小了"随机消费"的机会空间，并且客观上减少了逛实体店引发的"关联消费"，甚至还会对个人健康带来一定影响。更有甚者认为，"电商绝不是拉动社会消费的好办法，反而是在毁灭消费"。

有业内知名人士曾认为，电商终将会被淘汰，也就是说，电商这种线上购物模式，并不是人们购物模式的结局，会出现其他的可替代性的购物模式。这就是新零售模式，是一种和实体店铺以及线上购物有关联的购物模式，有利于结合线上购物和线下购物的优势。

事实上，在加快数字化发展的趋势下，电商将进入一个全新时代。通过数字赋能，电商从量变到质变，再造商业模式、重塑发展格局，并依然呈现加快发展态势。因此，不少人认为未来也将离不开电商模式。特别是随着数字经济渗透水平不断提升（农业、工业、服务业的渗透率分别为 8.9%、21.0%、40.7%），网络消费规模化增长，预计到 2025 年，网络消费规模将达到 3.44 万亿美元，占社会零售比重达 35%，赋予电商更大成长空间。

实践表明，随着数字技术进步和数字化发展，作为数字消费基本形态的电子商务也在不断进步和优化。今日之电商已经不是昨日之电商，两者已不能同日而语。因此，必须用发展的眼光看待电子商务的进步，要从数字化发展趋势来研判电商发展，特别是要从数字消费的视角来定义电商模式。通常认为，数字消费是以信息产品、信息服务消费为对象，以互联网为主要渠道的消费方式。在现实发展中，数字消费既包括数字产品和服务的消费化，也包括传统消费业态的数字化。

"新电商"已经成为数字消费的主要形式，从线上线下互联到现实空间和数字空间的互通，其覆盖领域、商业模式和服务维度都发生了一定变化。突破时间与空间、商品与服务的界限，更加精准对接供给需求。同时，通过现实场景和虚拟场景营造，让消费者实现沉浸式场景体验，从而更加有效地激发消费需求。特别是未来几年，元宇宙将会渗透各个领域，市场机会估计每年收入超过1万亿美元。摩根士丹利预测，到2026年，全球30%的企业机构将拥有用于元宇宙的产品和服务。

因此，对电商发展不能轻视之。要看到电商从其发展之初到现在，随着数字技术进步，其模式持续优化，形态不断演进，服务更加精准。特别是数字消费的崛起，进一步推动电商模式创新，并推动新消费的成长。电商融入数字消费大潮已是大势所趋，在全面提升电商发展水平的同时，也将推动数字消费不断壮大。

第五章

数字经济发展与监管

随着数字经济发展潜力的逐渐显现,政府监管与数字经济之间的关系正演变得愈加微妙。数字经济颠覆了许多传统经济发展所依赖的框架和模式,因此,它所呈现出的多样性和复杂性对政府的立法和执法均提出了新的要求。多变的数字经济市场环境要求施政者必须做出回应,而问题的焦点就在于政府如何统筹好发展和监管之间的关系。因此,在国际数字监管日渐常态化的大背景下,各国政府和研究机构都开始重新审视公共权力在数字经济环境下的匹配度和可执行度。

第一节　谨防"数字碎片化"

GTA联手DPA于2022年6月28日,发布最新联合研究报告《"数字碎片化":单边主义的危害》,系统性阐述了过度监管和单边监管主义对数字经济创新和包容性增长的负面影响,指出未来世界的发展不仅取决于技术进步，还同国际贸易集团所建立的政策监管边界息息相关。报告中还创新性地强调了数字领域的"碎片化"概念，即政府各自主张的数字监管状态造成了数字经济国际市场的分裂式发展，破坏了数字维度的经济流动性和活力，加剧了地缘政治的紧张态势。

当前，国际社会对数字经济的监管细节尚未达成一致定论，在监管的范围、强度、效果衡量等方面仍存在争论。此报告罗列了大量实证，对正确理解把握监管和发展之间的关系大有助益。

一、"有形之手"和"数字碎片化"

政府的宏观调控这双"有形之手"，可以在传统经济的多方面发挥干预作用，例如出口禁令可以阻止稀有矿物的海外销售，产业政策可以通过税收减免或补贴等方式激励本土企业竞争，甚至可以在商品跨境时设置障碍，以达到限制商品流动从而削弱境外企业竞争力的效果。在数字经济时代，大量与数字相关的干预性立法也纷纷出炉，包含数据企业的运营、内容创建和管理，企业资质的注册和许可，以及竞争法规的执行等。在实际市场运营中，任何涉及传输、分析、部署和出售数据的数字企业均处于这双"有形之手"的掌控之下。

数字监管和数字经济发展，是相辅相成的两个方面，没有发展，监管就无从谈起，而缺乏有效监管，发展往往会偏离正轨。所以说，两者是相互促进、共生共长的关系。但实际执行情况却不尽如人意，两者甚至形成相互掣肘的关系。近年来，各国政府和各个跨国集团之间，在数字商业活动的监管和税收方面存在明显的意见分歧，导致数字法律和监管的影响超越了原始实施国的范围，对境外企业的贸易运营产生了溢出效应，增加了国际协调的难度。例如，俄罗斯在2018年通过一项决议，要求其公共机构只购买在俄罗斯境内设计和生产的软件。当类似这种保护性的数字政策被实施后，境外供应商的竞争力明显被削弱，则必然会引起国际贸易伙伴的重点关注和额外审查。

这里并非一味地否决政府干预政策的效用，但当政府的行政干预导致市场表现失衡的时候，政府就需要提供一个合理的施政逻辑。以上述俄罗斯软件市场为例，如果政府干预措施的目的是谋求境内某个特定软件企业或整个软件行业的发展前景，那么政府在实施干预措施之外，还必须对施政效果加以衡量，从而确定此种政策是否达成了预设目标。同样，如果来自政府的资金支持能够促进国内软件行业的发展，那么任何有利于国内软件市场的公共采购政策也都应该得到相应的测试机会。在此前提下，如果一项更为温和的干预政策也能够解决市场失灵问题，那么就没有必要对来自海外市场的竞争者强加限制，从而导致对国际数字贸易政策的错误解读。

在传统国际贸易领域，经济学家通常用"偏袒、歧视和一体化"等词汇，来描述将一国市场与全球商品市场脱钩的政策形式和后果。在讨论涉及数字领域的公共政策时，"碎片化"的概念则非常形象地描绘了当前国际数字监管的总体态势。

"开放的互联网"（an open internet），是指互联网上的每个个体设备都应能够与任何愿意接收它们的其他设备展开互动。而数字领域中的"碎片化"，泛指"互联网有分裂或演变成连接孤岛的危险"。技术、政府和商业行为是互联网"碎片化"的三大主要诱发因素，互联网"碎片化"在本质上是与开放互联网的精神背道而驰的。此外，互联网"碎片化"的程度也因地点和时间而异，个人用户和企业所经历的"碎片化"效应在全球范围内均有可能不同。同时，互联网"碎片化"的程度可能难以被具体衡量，这为实证评估带来了不少障碍。

　　OECD 的两位专家对互联网"碎片化"做了进一步解读，将之细分为"数字碎片化"（digital fragmentation）和"监管碎片化"（regulatory fragmentation），后者是前者派生而来的。此外，在实际情境中，要合理把握监管碎片化和监管同质性（regulatory homogeneity）之间的关联。从全球角度来看，一些与数字领域监管碎片化相关的特定法律，也可以成为某些国家集团内部的监管同质性。例如，如果若干个国家相继颁布了较为类似的禁止数据跨境流动的法律，那么政府之间对待这个特定问题的监管精神则不约而同地达成了一致，而这种同质性会阻碍商业数据在国际的自由流动，导致了"数字碎片化"的发生。

二、国际数字领域的监管数据分析

　　由于政府的政策干预所导致的"数字碎片化"不仅停留在理论层

面，且已经在实践中产生了实际影响。因此，迫切需要对全球规模较大的数字经济体进行追踪研究，系统性收集这些国家已经实施和计划中的干预性政策法规，从而分析数字领域的政策立法和政府监管的进程和速度，以及各国政府在运用行政权力塑造和培育数字经济方面存在何种差异。

本项研究所使用的数据，来自 DPA 和 GTA 所收集的，历年有关不同类型的相关公共政策干预的数据库。数据本身的采集范围不仅包括脸书、谷歌等全球性数字平台的行政干预活动，而且覆盖了数字供应链的全端（含用于制造数字产品的原材料以及硬件和软件的设计和生产），即只要政府的干预政策影响到数字供应链的任何一部分，就会被自动采集入库。

（一）基于 DPA 数据库的分析（自 2020 年以来）

DPA 的数据库主要追踪政府在 20 多个与数字活动相关的经济领域，所采取的或正计划采取的各种政策措施，包含从产业上游的半导体和基础设施提供商，到产业下游通过数字技术向客户提供商品和服务的企业不等。数据库共涵盖 11 个公共政策领域，如竞争法规、税收等。DPA 对政策干预的数据记录侧重于欧盟、G20 国家和瑞士等国，以及部分地方政府和监管机构采取的干预措施。

自 2020 年 1 月 1 日以来，DPA 数据库总共录入了已正式官宣或实施的对数字经济产生影响的 1 731 项公共干预政策，总计 2 999 起不同事项，并在 DPA 网站上公布。

图 5-1 显示了从 2020 年年初到 2022 年第 1 季度末，由 DPA 数据库所记录的欧盟和 G20 国家政策干预的数量变化，并将所记录的干预政策分为五个基本区块：数据治理、内容监管和知识产权、竞争法规、税务和其他。由图可见，在短短 9 个季度的时间内，政策干预措施的数量呈明显增长趋势，由 2020 年第一季度的 71 个上升至 2022 年第一季度的 217 个。

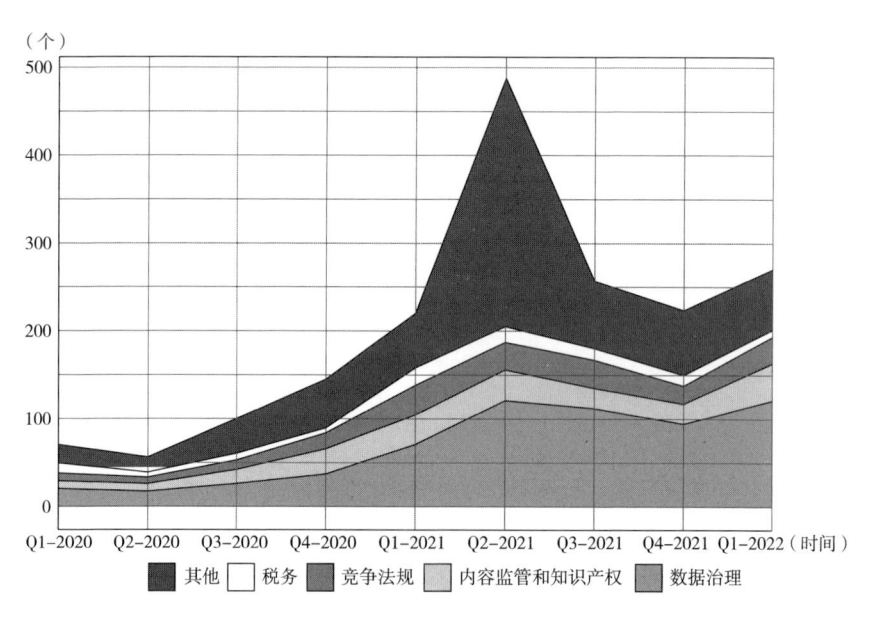

图 5-1　2020 年年初至 2022 年第一季度末欧盟和 G20 国家政策干预的数量变化

资料来源：Digital Policy Alert

与数据治理相关的法律法规，是数字经济环境中最为普遍的公共政策干预形式，DPA 数据库共记录了来自该政策区块的 632 个相关事项，比位列第二的政策区块（内容监管和知识产权）的记录数量高出3倍。此外，还记录了193项与竞争法规相关的政策发布或执法行动，说明各国政府正采取措施，进一步改善这一领域能令其本土市场受益的竞争环境。最后，与数字经济税务相关的公共干预数量为102项。

另据DPA数据显示，所有被记录的事项中，有近55%的公共干预政策已经落地实施。同时，另有41.5%的相关监管条目正处于计划实施状态，而仅有极少部分的监管提案最终被立法机构否决或撤销。这表明在未来数年内，数字经济领域将感受到更多来自"有形之手"的影响力。

以上的数据分析表明，数字领域的监管行为并不完全侧重于某一方面，全球主要贸易经济体正在多个与数字经济相关的政策区块同时展开监管活动，并试图通过部署广泛的政策工具来重塑其管辖下的数字经济框架。此外，全球不同地区针对数字经济的法规和监管并不均衡。例如，自2020年年初以来，美国联邦政府和其活跃的州政府系统，共发布了469条事关数字经济领域的法律和监管公告，而法国、德国和意大利的公告数量仅在215—242条不等。中国的表现也相对活跃，总共发布了125条法律和监管公告。

（二）基于GTA数据库的分析（自2008年以来）

GTA的数据库重点录入了自2008年11月全球金融危机爆发以来，

各国政府所采取的商业政策干预清单，主要涵盖61种不同类型的政策工具，如进口关税、反倾销税、境内补贴、公共采购规则、本地化措施和影响境外直接投资的一些政策等。GTA主要从国家和地方公共部门的网站收集有关政策干预的信息，占所有数据库记录总量（43 000条）的97%。在部分缺乏政府官方更新信息或网站维护缺失的地区，则采取具有公信力的新闻报道来记录政府行为。与DPA一样，GTA的库存数据也对用户公开，可按不同条目进行分类搜索。

本次研究从GTA的数据库中提取了与数字经济的广泛定义相关的公共政策干预信息，具体涵盖金属跨境贸易、半导体和零件制造、影响WTO现有信息技术协议（ITA）所涵盖产品贸易的政策等7个基本面，总计包括13 472项商业政策干预措施。其中，只有约2 600项措施对跨境贸易自由化有正面促进效用，而其余的大部分公共政策都带有不同程度的歧视性。

图5-2概括了影响数字经济的商业政策随着时间推移而展现的动态变化，显示了自2009年以来，每年所生效的正面性（自由化，浅色标识）和负面性（歧视化，深色标识）政策干预的数量。2019年，即各国政府采取新冠肺炎疫情相关措施的前一年，共有1 576项贸易和投资改革的正面政策干预，推动了数字经济的发展，且至今它们仍然在发挥效用。但是，同时期生效的有损国际贸易流动的非补贴商业政策干预措施有5 857项，在数量上远远超过了正面性政策，二者比例高达3.7∶1。2021年，各国政府所实施的歧视性政策总数进一步上升，达6 791项。总体而言，

自 2008 年全球金融危机以来，在数字经济领域所颁布的负面干预措施的数量呈逐年上升趋势，政府采取过度监管或不当监管的频率日益增加。

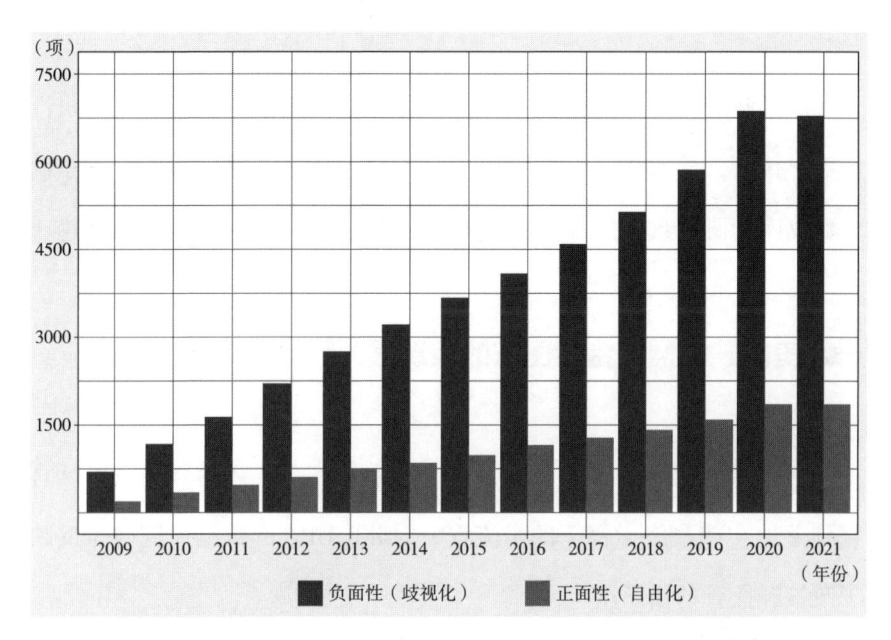

图 5-2　2009—2021 年正面性和负面性政策干预的数量变化

GTA 的数据分析同时还表明，中国、欧盟和美国在数字经济干预政策的实施方面有许多类似之处。例如，在司法辖区内，有 80% 的政策干预照顾到了本土企业，而在所有的负面干预政策中，有 70% 是针对某些特定企业而设置的，且有超过 80% 的负面干预措施采取了补贴的形式。

DPA 和 GTA 双方所提供的数据证据和分析结果都表明，近年来各国政府正在逐步加强对数字领域的法律和监管行动，侧面印证了"有形之手"的宏观影响随着时间的推移日益凸显，全球市场面临"数字碎片化"的风险正在上升，这应当引起特别关注。

第二节　全球数字监管的新趋势

多国政府相继出台的单边性和互不协调监管政策，外加缺乏连贯性的数字执法，导致全球数字经济"碎片化"的风险加剧。在此，基于两大数据库的研究数据，对日益凸显的全球数字监管的新趋势进行概述。

一、美国、欧盟和金砖国家的表现最为积极

DPA 所采集的数据不仅记录了干预政策本身，还追踪了政策从官宣到落地（或最终撤销）的全流程。因此，DPA 的数据库同时也反映了政策和监管的活跃度。

在 G20 成员中，美国和德国、意大利、法国等欧洲国家，自 2020 年 1 月以来的监管政策变动最为频繁。其中，美国联邦政府在数字监管法规方面的表现最为活跃，联邦政府行政部门和国会频频在数字监管方面提出大量动议，其中很大一部分最终得以在立法机构通过。同时，由于美国的州政府层级也享有地方法规自治权，因此它们在数字经济领域也拥有相当可观的主动监管能力。在欧洲，欧盟层面的数字监管活动次数明显多于其成员国政府各自所发布的动态数量，可见欧盟在数字监管领域仍然拥有较高的统一管辖指挥权。除此之外，中国近年来在数字立法和数字监管方面的表现也相当积极，而其他金砖国家则紧随其后。

在监管内容方面，数据治理、内容监管、竞争法规和税务这四个政策领域，是数字经济监管的核心所在。其中，规范数据治理是美国、欧盟以及除俄罗斯以外的所有金砖国家的首要数字政策选项，在这一领域发布新政也是上述国家数字监管的最常见形式。而在俄乌冲突爆发以前，内容审核是俄罗斯最常涉及的政策监管领域。此外，对错误信息和有害言论的监管是西方国家第二大最常见的干预形式，而巴西和印度政府则对数字经济的征税方面较为侧重。

二、数据治理是重中之重

在数据治理的政策领域，立法者和监管机构必须在保护用户隐私和由数据驱动的商业创新模式之间取得平衡。从"碎片化"风险的角度来看，由于几乎所有的国际贸易最终都离不开数据交换，因此制定一个全球性或区域性的数据保护标准至关重要。由 DPA 所收集的数据表明，目前国际上有两种较为广泛使用的数据保护模式。

第一种模式由欧盟引领，侧重于保护用户隐私。它基于《通用数据保护条例》（General Data Protection Regulation，GDPR）制定法律条文，将一系列用户权利与数据信息收集的细化要求相结合。由于欧盟巨大的市场体量所带来的优势，欧盟也同时在全球市场推广这种以用户隐私为中心的数据采集模式，任何有意为欧洲客户提供服务的企业都必须遵守这些条例。自 GDPR 实施以来，欧盟已经和日本、新西兰、韩国、英国和乌拉圭签署了多份遵从欧洲数据标准精神的国际合作协议。

第二种模式的主要支持者为美国及其盟友国家,倾向于赋予企业一定的发展自由度。遵循这种模式的综合数据保护法并不注重授予用户全部的数据控制权,并尽量避免为企业制造额外的数据责任。例如数据最小化(data minimization)或隐私设计的原则等。近期,美国推动了由六个亚太经济合作组织(Asia-Pacific Economic Organization,APEC)经济体加盟的区域数据合作项目,以促进落实由美国认可的全球跨境隐私规则(Global Cross Border Privacy Rules,GCBPR)。尽管它目前仍处于起步阶段,但这种融合多个不同司法辖区的共同数据管理条例,对未来的跨境数据治理会产生积极的效果,能够有效地改善数字经济"碎片化"所带来的负面影响。

三、在线合理言行的界定及相关执法

规范在线内容的边界是 DPA 数据记录清单中第二活跃的政策干预区块,立法者和监管机构必须在保障公民的言论自由、遏制错误信息、防止有害言论之间取得平衡。虽然各国政府在此方面的政策偏好有所差异,但在线内容核查的法规已经和各大在线平台的实际运营产生了密切关联,平台企业的相关义务包括对用户的及时通知,服务补救,以及对非法内容的强制删除等。包括澳大利亚、加拿大和法国在内的几个 G20 成员已经引入相关立法,要求平台企业监控用户所创建的内容并对可能产生的失误负责。在美国，国会尚未就最后的协议达成一致，但类似的法规动议已经提交讨论议程。

四、传统竞争法规的变化

与内容监管和数据治理相比，涉及竞争法规的政策变化所发生的频率通常相对较低。但是，在该领域内政府执法行动仍然非常活跃。换言之，少量的法律变更也可能会导致大量的关联执法行动。来自DPA的数据显示，自2020年以来，涉及竞争立法和执法的案例主要集中于三个方面：对应用商店的访问及应用内支付（in-app payment）系统、跨服务的用户数据融合，以及平台运营商相对于其商务用户（business users）的偏好设置。

为了应对上述问题，来自G20国家的一些立法机构已开始对其竞争法规进行调整。例如，韩国率先通过法律，禁止应用商店提供商强制捆绑其自身的应用内购买系统，美国也提出了一系列直接针对数字经济竞争的法案。而欧盟最近更新的《数字市场法案》（Digital Markets Act）提案如果获得通过，将赋予政府新的监管权力来解决上述争端，以及有关大型平台与其商务用户之间互操作性的进一步义务界定。在中国，政府则基于其当前的战略经济优先目标，利用竞争政策工具来引导资本从生产力相对较低的数字经济活动（如游戏或消费者服务产业），逐步转向人工智能或半导体等关键技术的开发。

五、数字经济征税的国际协调

通过直接征税和间接征税的方式来解决数字经济的赋税问题已经在国际上获得了应有的关注度，而监管机构目前所面临的压力主要聚焦于如何在维持数字商品和服务跨境交易的便利性和维系地方税收体系的长期需要之间取得合理的平衡。围绕此话题，一个被多方较为认可的政策工具是间接征税，即一种和境外企业向本国客户所进行的数字销售直接关联的课税方式。面向数字经济的间接税法构建于现有的间接税征收方式之上，通常以数字商业模式的界限为征收范围，税种则包括增值税或销售税等。

原则上而言，欧盟所倡议的"一站式服务"等税务举措可以缓解由不同的注册和会计要求所引起的"碎片化"风险。但是，在实际操作中，仍然有不少国家采取了歧视性的税收政策，对从事数字贸易的境内和境外企业施以不同的税收政策。为了就数字经济的税务问题达成全球共识，限制歧视性征税，OECD正在尝试牵头建立一个包容性架构（OECD/G20 Inclusive Framework），试图就数字经济的多重征税和付税地点确认等困扰业界已久的难题提供统一的解决方案。

第三节　规范与培育数字经济发展

上述两大数据库所提供的有关贸易和投资壁垒的证据表明，数字经济的"碎片化"趋势正在逐渐演进。虽然各国政府截至目前所采取的干预性措施还未彻底地割裂全球市场，但是持续的排他性财政补贴、数字贸易壁垒的提升，以及后疫情时代的财政紧缩，都进一步增加了全球"数字碎片化"的可能性。因此，需要继续对未来相关的数字监管法规和执法情况的态势发展进行仔细追踪，为进一步的研究提供数据基础。

过去十年中，许多主权政府就经济事务积极加强对话与国际合作，但国家之间的经济对抗和紧张局势仍时有发生。因此，必须尽快在国家和监管机构之间，就数字领域公共政策的设计和执行达成一致谅解并建立新的秩序框架。

就目前态势而言，很多国家的立法者在试图对数字化领域进行规范和整治时，欠缺正确的原则引导，且缺乏必要的研究支撑，没有任何一个国家性质的官方机构被公开授权在全球范围内跟踪数字领域的政策干预进展。政府官员们没有从案例中吸取足够的教训，"碎片化"的信息获取反而使他们的思维重新退回到孤岛模式，导致代表国家的行政或立法举措没有考虑到不断发展的数字世界的复杂性和数字经济模式下广泛的跨境联动。

国内政策与国际监管的分歧，甚至会导致数字经济的发展进入错误的路径。过于严厉的监管则会扼杀新兴商业模式，阻碍最新数字技术与市场的融合，并限制对国家就业和经济增长的贡献。"碎片化"的互联网和数字经济不仅剥夺了用户的选择权，削弱了创新的动力，而且加剧了政府之间的贸易摩擦。"数字碎片化"若得不到有效的遏制，会有酿就未来危机的风险。

有一点必须明确，即对数字领域监管的必要性和政府应行使的权力从未受到质疑，而目前所针对的要点是如何在数字监管的法规设计和执法准则方面达成某种程度的国际一致性。为接近此目标，各国政府必须在现有的基础上做出更加切实的努力，就合理的数字监管原则达成国际共识，以求在一个较为统一的框架下规范和培育数字经济的发展。

第四节　美国对加密资产市场监管的立法建议

FSOC 由州和联邦监管机构组成，其任务是识别风险并应对新出现的金融稳定威胁。2022 年 10 月 3 日，在白宫明确支持数字市场监管并公开寻求监管建议的大背景下，FSOC 公布了一份报告《数字资产的金融稳定风险和监管》，对数字资产涉及金融领域的背景和现状进行了广泛的调查，并详细阐述了美国市场现存管理模式的缺陷，以及潜在的系统性风险。其中，报告在调查研究的基础上，特别针对加密资产的市场未来监管和立法提出了十条导向型建议，这对辨析和预判美国即将落地的数字监管总体框架有着重要价值。

一、建议一

随着加密资产市场的持续发展，应提前认识到加密资产与传统金融系统进一步黏合的潜在趋势。因此，建议当局在审议监管条款时考虑如下一般性原则：

（1）酌情运用监管权力，对同类型的金融活动以相同的风险机制应对，并出具对等的监管结果（same activity, same risk, same outcome）；

（2）保持技术中立，提高技术透明度；

（3）完善监控机制，及时发现金融稳定风险，并在它对经济造成实际损害之前进行化解；

（4）优先考虑处理有序的交易和具有法律约束力的结算业务，优化价格透明机制并提升市场诚信；

（5）鼓励从加密资产市场获取实际数据，并与其他机构共享。同时通过披露和记录相互关联性等关键信息，增加公开市场的透明度。

二、建议二

各机构应继续执行现有的金融市场法规和条例，包括市场参与者注册要求、银行法、反欺诈法、证券法、商品和衍生品法、反洗钱法以及消费者和投资者保护法等。同时，监管机构希望从事加密资产活动的银行和信用合作社（Credit Unions）以安全稳健的方式运行业务，并遵守适用的法律法规。

三、建议三

现有现货交易市场上对部分加密资产（如比特币）缺乏清晰的性质界定，尚未明确判定此类加密资产的证券（security）或商品（commodity）属性，因此导致法规管辖权的混淆。为了解决这一监管漏洞，建议国会通过立法，明确赋予联邦金融监管机构在非证券加密资产现货市场上的规则制定权，同时，该机构不应干涉或削弱当前其他市场监管机构的管辖权。新监管规则的制定应涵盖一系列基本面，包括利益冲突、滥用交易行为、公共交易申报要求、记录保存、网络安全要求、托管、结算和清算、有序交易、投资者保护等，此外还应赋予此机构处理可能出现的额外问题的一般性权力。另外，立法者还应设置审查机制，保障对权力的监督以及合法使用。

四、建议四

鉴于当前监管制度的漏洞，部分从事加密资产业务的实体可能处于不同的监管机制之下，甚至造成没有任何监管机构能够全面厘清被管理对象的实体下属子公司或绑定公司的不利局面。为此，监管机构之间应该加强相互协调，发挥美国金融监管系统无间合作的优秀传统，解决分散管理的短板问题，进一步优化对加密资产实体（如稳定币发行者或加密资产平台）的监管。此外，监管机构还应酌情与执法部门进行合作，同时正视在实际操作中可能遇到的工作难点，如市场参与者身份的识别难题，加密资产的全球隐形流动等。

五、建议五

建议国会通过正式立法，根据上述"建议一"中的一系列原则，针对稳定币的发行者（单位）创建一个联邦层面的全面审慎监管框架，从源头上化解稳定币的金融稳定性风险，并同时解决相关的市场诚信问题、投资者和消费者保护以及支付系统风险。另外，建议联邦和州层级的监管机构加强增强协调机制，以全面覆盖对稳定币发行的监管。如果全面立法的初衷未能实现，FSOC 理事会仍准备考虑以其他可行的措施来解决与稳定币相关的金融风险。

六、建议六

无论加密资产实体的"去中心化"运营理念在未来有何变化，都建议国会通过立法流程，赋予监管机构相应的权力，使其能够全盘了解并监督加密资产实体所有附属公司和子公司的全部业务活动。

七、建议七

FDIC（Federal Deposit Insurance Corporation，联邦存款保险公司）、FRB（Federal Reserve Bank，联邦储备银行）、OCC 和州银行监管机构应酌情利用现有权力对加密资产服务提供商和其他在加密资产领域向银行提供服务的实体机构进行审核复查。同时，随着上述机构逐步开展加密资产的监管工作并积累相关经验，还应伴随工作进度及时地对其现有权限进行评估，让监管跟上市场发展的脚步。

八、建议八

FSOC 的各成员机构应评估垂直整合（即零售客户直接进入市场）对利益冲突和市场波动可能带来的影响，以及垂直整合后所呈现的市场结构是否应该被纳入现行法律法规的监管范畴之内。

九、建议九

当前加密资产生态系统的缺点之一是缺乏足够的透明度，这给金融稳定风险的评估带来了挑战，因此，应该考虑酌情收集和共享相关数据，破除不必要的市场迷雾。在整个政府职能部门的范围内，对数据以及加密资产活动的分析、监控、监督和监管应采取统一协调的方法，并建议 FSOC 的成员机构考虑使用已经赋予的数据收集权，促进对加密资产相关的金融风险的评估，并实现成员机构之间的数据共享和业务合作。此外，还需确定数据的优先级别，避免工作量的重叠，并弥补机构间与加密资产相关的数据差异。

十、建议十

通过能力建设和专业知识的储备，加深对加密资产相关的金融风险的理解程度，并采取必要措施确保金融体系具备抵御此类风险的能力。FSOC 理事会将继续增强对加密资产相关风险的监控能力，并建议所属的成员机构优先考虑对此方向进行投资，建立与加密资产活动相关的专业执法能力。除此之外，成员机构还应继续重视对员工的培训工作，并与政府、私营部门和学术界建立合作伙伴关系，从而培育与加密资产领域以及技术创新相关的专业知识，例如区块链数据的分析或解决市场投诉的能力等。

在发布此报告之时，全球的数字资产行业正经历重大震荡后的"市场严冬期"，投资者信心和收益均遭受重大打击。尽管如此，美国政府对数字资产未来发展轨道的既定设计初衷不会改变，即金融区块链技术的进步可以帮助其实现重要的国家政策目标，并加强美国在全球金融体系中的领导地位，但前提是数字资产技术和数字支付生态系统必须围绕"负责任"的设计理念去开发和实施。

值得注意的是，越来越严格的公共监管对数字经济市场本身而言未必是好消息。在高强度的监管环境下，跨国数字平台可以利用已经完成积累的自身资源优势，借力数字监管来加固行业的进入壁垒，加强自我商业保护，但此举对中小型企业而言，恰恰是极不公正的市场竞争表现。过度的监管可能会严重影响中小企业的生存环境，将创新扼杀于摇篮之中。

第五节　数字环境下公共政策的转变

数字技术正在重塑市场形态，推动公共政策转变。虽然新冠肺炎疫情加快了这一转变的进程。但从总体看，技术的变革并没有发挥其在提高生产力和加速经济增长方面的全部潜力，并且居民收入不平等的现象正在加剧，资本和劳动之间的收入分配变得越发朝资本方向倾斜。因此，需要更多地发挥政府这双"有形之手"的能动作用，制定更多更具针对性的数字经济政策，以期规避因数字经济飞速发展而连带产生的一些负面效应。在布鲁金斯协会和韩国开发研究院（Korea Development Institute）于 2022 年共同发布的研究成果《转型的示例》（*Shifting*

Paradigms）中，提到了五项适应数字经济发展的关键政策性转变。

未来十年里，全球潜在生产力增长的三分之二，甚至更多，将归功于数字技术的发展。如何激发数字技术的潜力，从而实现更强劲和更具包容性的经济增长，是当前前瞻性公共政策讨论的核心所在。今天的创新经济必须抛弃狭隘的视角，使更广泛的企业和雇员群体都能参与并分享数字经济所带来的成果。也就是说，创新必须"普惠化"。

放眼全球，无论是发达经济体还是新兴经济体，均因各自不同的发展实情而具有不同的政策需求和优先诉求。结合数字经济发展的关键瓶颈区域进行综合考量后，我们认为，国家政策的制定者们需要在以下五个领域给予更多的关注和思考。

第一，随着技术的迅速迭代，管理政策和监管机构必须紧跟节奏，针对数字经济时代的特点修改市场竞争策略，以确保市场能继续为企业提供开放和公平的竞争环境，在保持正当竞争的同时遏制垄断现象的出现。

数字经济快速发展的同时也带来了一系列亟待解决的监管挑战，如数据的过度集聚、数字平台规模的过度膨胀、科技巨头自然或准自然（natural or quasi-natural）的垄断所导致的市场过度集中等。其中，首先要解决的问题是数据监管，因为数据是数字经济的命脉所在。数据管理方面的几个关键性问题，如数据的使用、访问、可移植性、开放性、保护隐私和安全性等，对消费者保护和维护公平竞争的大市场环境都至关重要。迄今为止，欧洲对上述问题的响应速度要优于美国。例如，欧盟早于2018年就颁布了《通用数据保护条例》，并提出了两项重要的新立法动议：《数字服务法》（Digital Services Act）和《数字市场法》，作为欧洲塑造数字未来的关键组成部分。

此外，为了应对数字经济竞争的相关政策挑战，管理机构的能力也需要相应得以提升。澳大利亚、法国、德国和英国等一些国家正在建立或筹备建立专注于数字市场的新型监管机构。这些机构的主要任务是制定促进竞争的标准、数字市场的操作规则和行为准则、参与国际协调等。美国也出现了类似机构改革的提议，例如，拜登政府于2021年7月宣布成立白宫竞争委员会（The White House Competition Council），以协调和推进解决市场过度集中、垄断和不公平竞争等现象。

第二，改善创新生态系统，全面激发新知识和技术进步，同时促进它们的广维度传播。数字经济从根本上而言是由知识驱动的一种新型经济体系，因此，创新生态系统的作用此时变得越发重要，它能不断推动前沿技术的更新进步，同时让新技术的传播带来更为广泛的正面经济效益。

首先，应该对专利制度进行改革，从而在维持现有利益和更广泛地促进传播创新之间取得更佳的平衡。其次，研发投资的占比也需要进行重新评估。数据显示，许多国家的公共研发（Public R&D）投资占比一直处于下降态势，例如，美国的公共研发投资占比从20世纪80年代初占GDP的1.2%下降到近年来的0.6%左右，而公共研发投资在美国总研发投资中的份额从45%下降到不到25%。为了扭转这一不利局面，我们应该重新认识公共研发的重要性，它是许多面向全社会的公共服务产品的研究基础所在，能产生广泛的知识溢出效应，可以作为私营行业研发业务的重要补充。此外，强大的公共研发能力还可以影响一个国家整体技术变革的方向，使其跳出由利润驱动的狭隘投资者群体利益，朝着服务于更广泛的经济和社会目标的创新方向发展。

另外，扩大创新融资渠道也是改善创新生态的重要一环。专供小型企业研发和技术转让的政策可以为新生企业在获得创新融资方面提供重要支持。在美国，风险投资（Venture Capital）在为初创企业融资方面发挥着重要的金融支撑作用，但目前该行业存在着资源过度集中的现象，前5%的大型初创企业占据了行业融资总额的50%。因此，公共政策的制定者应充分利用金融领域数字创新和金融科技所带来的覆盖面优势，为小型初创企业或新创业者提供更高的融资可及性。

最后，实践证明，许多私营企业所开发的商业突破性创新最初都源自政府支持的研究项目，如谷歌的基本搜索算法、苹果手机的部分关键功能，甚至是互联网本身。但我们注意到，许多公共研究项目的成本和风险产出由社会成员共同承担，而其回报却完全由私营行业吸收。因此，政府可以尝试探索收回部分研究投资回报的方法，用以补充研究预算，在公共研究投资的风险和回报方面取得更佳的平衡。

第三，夯实数字基础设施建设，拓宽数字经济新渠道。政府需要进一步增加公共投资和完善投资框架，以鼓励更多的私人资本进入该领域，从而共同改善落后群体和欠发达地区的数字接入能力。当今，宽带服务已成为基本的公共需求，但数字鸿沟在不少经济体的内部仍然存在。即使是处于数字经济发展最前沿的美国，大多数行业的数字化程度相较少数数字化领先行业，只有15%甚至更低，而且主要城市或工业中心与落后地区之间存在明显的数字接入差距。

在发展中国家，数字化的差距则更为显著，发展中经济体迫切需要完善数字基础设施建设。技术的发展已经开始迫使经济增长模式发生质的转变，新经济模式对一些低技能岗位（如普通制造流水线工人）的依赖度遭到严重削弱，企业的生产已经逐渐离不开数字要素的加持。因此，建设完善的数字基础设施对于把握当前这一轮由科技主导的新增长机遇至关重要，可以说，没有数字基建，数字经济就无从谈起。例如，已经有许多发展中国家使用移动设备在用户与规模经济之间建立了紧密的联系，并通过金融科技应用程序的普及加强了民众与金融市场的联系，这充分说明了数字技术所带来的巨大能量，它能够帮助发展中经济体实现跨越式的进步。

第四，必须加大对技能发展相关的投资，改革现有的教育和培训项目，强调与新技术相辅相成的新技能的重要性。政府部门需要在技能培训的内容、交付和融资方面都进行创新，解决在获得教育和二次培训方面持续存在的不平等问题。科技的发展不仅对生产技能的内容提出了新的要求，同时它也在改变普通用户获得技能的方式，所以我们也必须使用基于数字技术的解决方案来改善数字技能的传播渠道。

新冠肺炎疫情极大地证明了广泛使用在线学习工具的必要性，为此我们将需要更坚实的数字基础设施和更高的民众数字素养。

随着技能提升、技能再培训和终生学习的需求不断增长，二次教育的可获得性和质量也应该随之获得提升。为此，普通教育系统和职业教育机构应加强融合，扩大机构与雇主之间的合作伙伴关系。在这一方面，一些欧洲国家，如德国，已经采取上述融合的方法并获得了初步成功。在法国和新加坡等地，当地政府也在近期引入了终生学习账户的概念，收获了相当不错的社会反响。

第五，改革劳动力市场政策和社会保障体系，使其与不断变化的经济环境和就业形势相匹配。政府需要从保守型政策思维向前瞻性思维转变，切实提高就业人口面向新型岗位的从业能力。同时，社会失业保险体系也应更好地发挥效用，提供足够的覆盖面并鼓励岗位调节后的再就业流程，支持就业人口适应岗位变化、接受再培训从而过渡到新岗位的整个过程。

此外，政府还需要对就业福利体系进行更新。在传统经济环境下，大多数就业福利，如养老金和医疗保健等，都基于正式的长期雇佣关系而存在。在数字经济环境下，尤其是零工经济的快速增长，当前的福利体系也需要针对快速变化的就业市场环境做出调整，以适应部分就业人口更加频繁的工作转换和更加多样化的岗位安排，提供更大的弹性和适应性，满足更多独立型岗位的需求。

最后，在充分迎合上述五个区块政策调整需求的同时，国际协作也是一个不容忽视的重要辅助因素。随着民族主义和民粹主义的兴起，部分国家和地区的地方保护主义也纷纷抬头，而新冠肺炎疫情和后疫情时代的"新常态"则可能会进一步加剧一部分拥有狭隘地区观念的政府管理者对经济全球化的抵触情绪，影响关键供应链的正常稳定运行。因此，政府的决策层必须具备全球化视野，深度了解参与国际协作所带来的红利远大于可能并存的风险，确保在开放和基于规则的全球贸易体系之上积极进行国际合作，争取将上述不利因素的负面影响降至最低。同时，制定新的国际合作框架，将数字化国际合作提上正式议程，在以数字流动为主导的下一阶段全球化过程中确保开放准入和公平竞争的基本原则，对数字贸易、跨境数据流动和快速增长的数字交付进行适当的规章约束。除此之外，跨国科技巨头所形成的单方面垄断效应已经在一定程度上影响了国家和市场间的公平竞争，这更要求各国政府在竞争政策的处理方面加强国际合作，在知识更加密集的新型全球化过程中，建立一个知识产权管理的平衡框架，在鼓励创新的同时，避免知识的垄断效应。

第六章

数字货币竞争全面展开

2022年央行数字货币再受关注，全球90%的央行正在研发央行数字货币。美欧国家也倾力进行央行数字货币的研发，大多完成了技术测试阶段，正在探讨落地应用的时机和方式，进一步加快战略布局。

第一节　全球央行数字货币发展动态

研究显示，截至2021年1月，全球已有114个国家（相较2020年5月的35个国家）在不同程度上开展了CBDC项目的研究工作，11个国家的CBDC项目已进入实际应用阶段，并且这一高速发展势头还将在未来的1—2年内得以持续。同时，各国央行均十分关注如何用数字货币提升境内的支付效率，同时也越发重视数字货币跨境支付的可能性，以及由此可能导致的全球金融秩序的重新洗牌。

截至2022年12月，全球共有9个批发型CBDC和7个零售型

CBDC 的跨境数字支付项目展开试点，由中国牵头的数家央行也已经合作完成了"货币桥"项目的初期测试，央行之间通过基于 DLT 的定制平台进行数种不同 CBDC 的发行和交换。另外，澳大利亚储备银行、马来西亚中央银行、新加坡金融管理局、南非储备银行也在国际清算银行创新中心的帮助下，上马了邓巴项目，用于测试 CBDC 在国际结算中的使用情况。

国际清算银行的调查显示，目前从事 CBDC 研发的国家一致认为，CBDC 是一个提升境内数字支付效率的最佳工具。此外，2022 年 3 月的白宫数字资产行政令中，也提到了利用 CBDC 解决美国当前金融体系的效率问题。与此同时，CBDC 的跨境应用也是美国尤其应该关注的要点所在。

2022 年 10 月 5 日，SWIFT 在其官网披露，在对不同技术和货币进行了为期 8 个月的试验后，该机构制定了全球央行数字货币网络规划。此前，IMF 也表示，在不久的将来需要一个全球数字货币系统，以在面对国家通胀危机时提供"稳定性"。

参与 SWIFT 试验的除了法国和德国的央行，还有汇丰银行、渣打银行以及瑞银集团、富国银行等共计 14 家中央银行和全球性商业银行。该试验旨在研究央行数字货币如何在国际流通中使用，甚至可以在需要时转换为法定货币。SWIFT 创新主管表示，明年将进行更进一步的测试，以加快全面部署。若可以扩大规模应用，银行只需进行单个主要连接，而不用单独与每一交易对手建立联系，在减少连接工作量的情况下，可以达到更高效率。SWIFT的现有网络已在200多个国家或地区使用，并连接约1.15万家金融机构。全球央行数字货币网络规划若成现实，其前景可期。

SWIFT官网披露，此次试验还测试了不同央行数字货币的底层技术，包括分布式账本技术等。试验结果显示，央行数字货币和代币化资产（代表全部或部分股票、债券甚至非流动性资产所有权的数字代币）有可能在不造成破坏的情况下整合到金融生态系统中。在试验成功进行的70个场景中，模拟了代币化债券、股票和现金的市场发行和二级市场转移。结果表明，SWIFT可以用作各种代币化网络的单一入口点，其基础设施可用于创建、转移和兑换代币以及更新多个客户钱包之间的余额。

第二节　美国探索央行数字货币的可行性

美元的数字化有可能会为美国的经济带来显著的好处，它可以使支付系统更加高效，为进一步的技术创新奠定基础，促进更加迅速便捷的跨境交易并具有环境可持续性。此外，它还可以通过普惠金融的方式，促进金融服务的包容性和公平性，稳定经济增长，防范网络和运营风险，保护敏感数据隐私，将非法金融交易的风险降至最低水平。

鉴于数字美元可能带来的优势，美国政府已经制定了美元数字化的总体政策目标，反映了联邦政府对数字美元计划的重视程度。如果数字美元最终得以落地，那么它应该在消费者权益保护、促进经济增长、改善支付系统和互联网平台间的互通性、保护国家安全等方面起到积极作用。美国政府将继续鼓励美联储进行更进一步的数字美元研究、实验和评估。为此，美国财政部将领导一个跨部门工作小组来全面审视数字美元可能带来的潜在影响，利用多政府部门的技术专长，与合作伙伴共享有关信息。美国公开表示，"不管数字美元是否推出，美联储将继续在制定央行数字货币的国际规则方面发挥积极作用"。

事实上，美国研发美元 CBDC 的内部工作一直在按部就班地进行。特别是随着数字资产市场规模的迅速膨胀，美国最高立法层逐渐对发行美元 CBDC 有了一个较为统一的共识，即只要它符合美国的国家利益，那么它就应该落地。美国财政部长珍妮特·耶伦在一次采访中曾公开表示，美国现有支付系统一部分还是"太慢"而且"太贵"，CBDC 将是一个非常有效率的补充。

牵扯美国 CBDC 落地的另外一个重要因素，就是由美联储于 2019 年夏天开始研发投入的即时在线转账系统 FedNow。该系统通过美联储作为中转的媒介和"信息总站"，实现"秒结算"和 24 小时无休的高度自动化资金流动。该项目的设计初衷基本贴合了央行数字货币所要解决的业务痛点之一，即转账的效率和成本问题。自项目上马以来，美联储一直致力于推广 FedNow 的理念，多次更新项目进度并不遗余力地推动项目的落地。2022 年 8 月 29 日，美联储正式宣布 FedNow 服务预计将于 2023 年年中（5—7 月）上线运行。

美联储设计 FedNow 应用的初衷是顺应当前点对点支付科技的迅速发展势头，并通过 FedNow 的一体式商用网络，吸纳更多的村镇小规模银行加入其联邦支付网络（Fedline），从而提高对美国偏远地区和低收入人群的金融业务覆盖率，有助于打造白宫所急需的"普惠金融"服务。但美联储没有预料到的是，2020 年突如其来的新冠肺炎疫情使得数字支付的需求一夜之间暴涨，加密币和稳定币市场的乱象更是加速了各国政府研发央行数字货币的进程，尤其是向来被美国视为重大竞争对手的中国已经领全球之先，让数字人民币成为全球首个系统性进入终端市场应用的 CBDC 项目，这一成就着实让美国政界侧目。因此，如果仅仅是为了解决当前美国数字支付的效率和成本问题，那么即将入市的 FedNow 已经完美地迎合了这一需求。但如果美国政府出于长期国际竞争战略的考量而加速推出数字美元，那么数字美元的支付层面功能将不可避免地与 FedNow 重叠，造成公用资源的浪费，甚至有可能形成二者潜在的竞争关系。实际上，美联储内部关于 FedNow 和美元 CBDC 孰优孰劣的争论也一直存在。例如，美联储董事局成员之一的米歇尔·鲍曼（Michelle Bowman），在 2022 年的一次金融科技峰会上就曾公开表示，FedNow 能够解决一系列困扰美元 CBDC 的潜在瓶颈问题，是二者相较更优的选项。由此可见，美国决策层内部对数字美元存疑的人不少。

从实践层面看，虽然美联储迟迟没有发行 CBDC，但其早已积极参与到全球数字货币竞争技术、规则和国际合作等领域的工作中来。一方面，美联储与国际清算银行创新中心合作，在纽约联邦储备银行设立创新中心；另一方面，美联储参与中央银行数字货币 CBDC 联盟，在网络安全、造假和欺诈、反洗钱、跨境交易等方面开展国际合作。2022 年 2 月，时任美联储副主席莱尔·布雷纳德（Lael Brainard）进一步公开表态，美国推出数字美元的更深层考虑是，如何能在涉及 CBDC 的国际数字金融交易标准的制定中发挥主导作用；鉴于美元在全球支付中的重要作用，美国必须站在 CBDC 研究和规则制定的前沿，以应对 CBDC 的发展对全球金融体系产生的影响。

2023 年 1 月推出的《数字美元计划白皮书 2.0》（*Digital Dollar Project White Paper 2.0*）指出，一个属于 CBDC 的时代即将到来，美国应担负起在全球数字货币管理、互操作性、安全、隐私和可扩展性标准制订等的领导作用，而不应仅是被动地对他国是否部署 CBDC 的决定发表评论。无论美国最终是否决定让美元 CBDC 落地，美国都应该在围绕数字货币（包括 CBDC）国际监管框架的制定过程中占据主动，优先考虑关键议题，如隐私权、消费者保护、反金融犯罪、维护金融稳定和货币主权保护等。

第三节 数字美元引而不发的战略考量

认真分析可以发现，美国之所以没有加快美元CBDC落地应用，并非单纯出于技术原因，也不完全是落地条件不成熟。主要原因还是美国另有盘算，意在继续维持美元优势地位，继续尽享美元红利。2022年1月，美联储发布的《货币和支付：数字时代的数字美元》(*Money and Payments: the U.S. Dollar in the Age of Digital Transformation*)明确指出，私人数字货币或者即将推出的各国央行数字货币，有可能降低全球市场对美元的需求，进而影响美元霸权。因此，美国政府必须考虑如何维持美元在全球数字支付系统中的领先地位，并提前制定相关战略。

目前，美元在国际支付结算与全球外汇储备中的占比仍分别为40%以上和60%左右。同时，美国和欧盟还操控SWIFT，从而进一步强化美元影响作用。事实上，美元的优势地位反而成为美元数字化的"包袱"，美国不可能丢弃美元优势，而抢先推进数字美元落地，这无异于是自残行为。所以，正是"美元包袱"掣肘数字美元进程。正如美联储官员所言，"需要审慎地考虑数字美元的发行，可能如何影响美元在全球支付中的使用"，这才是问题的关键所在。

反观之，这倒给了包括数字人民币在内的其他国家央行数字货币适时落地的机会。所以，切不可以完全依照数字美元进程做选择，这等于是"战略短视"行为。以人民币为例，目前在支付结算和外汇储备中，人民币的占比均不足3%，即便付出再大努力，提高的空间也是有限的，超过美元几乎没有可能。因此，数字人民币要审时度势，把握好机会空间和时间窗口，创造条件积极推进落地应用。只有这样才有可能在新的起点上，在与其他币种竞争中，提高数字人民币的国际地位。所以，从这个意义上说，数字人民币没有包袱，完全可以轻装出发。

第四节　央行数字货币竞争进入新阶段

当前，全球央行数字货币竞争愈演愈烈，数字化推动全球化深刻变革，国际金融领域竞争形势日趋严峻。央行数字货币是一个新生事物，本身就具有挑战意义，势必会对现有金融格局带来深刻影响，特别是在全球上百个国家央行竞相研发央行数字货币的背景下，其竞争意义不言而喻，博弈空间不难想象。面对全球数字货币的兴起，戴夫·伯奇（Dave Birch）曾预言"未来网络空间将爆发一场货币新冷战，比如Facebook的Diem与中国央行数字货币DC/EP、数字欧元之间的对抗"。

2022年1月，美联储推出了首份关于美国央行数字货币的官方讨论文件。虽然美联储明确表示该文件"不是为了推动任何政策，也不是为了暗示美联储将马上决定是否会推出美国央行数字货币"，但作为美联储第一份关于数字美元的正式官方文件，该文件标志着美联储开始正式考虑发行CBDC，可以看作是美国CBDC发展的重要转折点。美联储之所以此时表态，不是一时的冲动，美联储副主席布雷纳德就曾多次公开表示，美联储应该尽快发行数字美元，以应对全球私人数字货币和CBDC的挑战。《数字美元计划白皮书2.0》强调：美国在设计数字美元的时候，必须认真考虑美元的全球性影响，数字美元在流通性和互操作性方面必须拥有绝对优势。同时，美国还必须在CBDC国际化标准的制定上占据战略主动地位，并能借机压制那些跟美国国家利益存在冲突的国家和地区。美国不应纯粹以被动防御的态度参与其中，而应该在互操作性等问题上发挥前瞻性的领导作用，从而主导数字货币的未来发展进程。

实际上，近几年全球各国央行相继开展了大规模的CBDC试验，欧洲央行数字货币虽然起步不是很早，2021年才宣布正式启动数字欧元项目，但欧洲央行在数字货币的技术研发、国际监管规则等领域的研究处于国际领先地位。同样在2021年，日本央行也宣布组建约70家公司的企业联盟，开始对CBDC进行研发测试，并计划在2022年推行数字日元。此外，其他代表性项目还有加拿大央行数字货币Jasper项目、新加坡金融管理局的Ubin项目、欧洲中央银行和日本中央银行联合开展的Stella项目等。虽然目前全球央行数字货币基本都处于研发测试阶段，但随着私人数字货币规模的扩大以及各国央行数字货币的进展加速，必然会给传统的国际货币体系带来新挑战。

不仅如此，美国、英国、加拿大、日本、俄罗斯等许多国家，正在同时开展零售型和批发型两个赛道的央行数字货币研究。批发型央行数字货币主要用于央行和金融机构之间的支付结算，特别是在改善跨境支付效率方面被寄予厚望。

特别诡异的是，美国一方面在数字美元落地时机上做战略权衡，谋求战略利益最大化；另一方面密切关注数字人民币的动向，并从战略安全角度进行多重评估。2022年，美国从政府到议会都开始关注央行数字货币的国际动向，特别是紧盯中国央行数字货币的动态，并且制定了相对完整的应对方案。

白宫管理和预算办公室联合包括国家情报部和国防部在内的多部门，共同就人民币CBDC项目开展信息安全研究，为美国的关键执行部门在未来可能跟数字人民币的使用交互设定相关指导标准。核心要求是了解数字人民币对美国国家安全的潜在影响，以及中国发力促进数字人民币的国际应用所锚定的主要战略和经济意图。就此，后续可能还会出台针对数字人民币国际化的相关遏制性提案。

2022年，一份来自胡佛研究所的报告更是直接指出，中国在其CBDC的实际部署和技术基础方面，已经形成一定的先发优势，数字人民币也相应地增强了中国在支付技术的创新和应用方面的国际领导地位，并有利于中国推进制定与其施政理念相匹配的经济管理规范和技术标准。数字人民币的出现，增强了中国的竞争实力，削弱了美元的传统主导地位，并带来一系列地缘经济和战略的深远影响。

《数字美元计划白皮书2.0》明确指出，中国的CBDC计划进展迅速，而且中国有可能会因为其主导推动的多边"货币桥"项目，而占据国际数字货币竞争中的有利地位，并开始制定利于中国的全球CBDC执行标准。如果该项目获得成功，那么它可能意味着目前由美国和美元主导的国际金融体系将重新洗牌。为此，美国要发挥美元在全球市场的强大号召力，以及美国所主导的银行体系的控制力，对此做出关键性的回应。

可见，美国把数字美元作为战略竞争的新式武器，瞄准数字人民币的动向并随时可能按下启动键。

第五节　积极稳慎推进数字人民币进程

毋庸置疑，数字人民币发展进程已成为一个"世界现象"，一举一动倍受世界各国的关注。处在重要关键时刻的数字人民币，如何在深化试点的基础上，不失时机地推进应用创新，事关数字化发展全局和国家战略竞争的主动。当前，积极稳慎推进数字人民币发展要着力把握好几个关系。

一、把握"守正"与"出新"的关系

推动央行数字货币应用的进程，要坚持守正出新原则，"守正"是指坚持央行数字货币流通中现金（M0）的正确定位；"出新"是指在坚持定位的基础上进行应用创新。这是当前央行数字货币发展面临的重要抉择，也是我国央行数字货币以先发优势赢得竞争优势的关键。

数字人民币从一开始就定位于 M0，也就是零售中的现金部分。这一定位是从本国金融体系的实际出发，从安全、可控、效率角度来考量的。从试点情况看，基本上也是限定在零售端现金使用环节，其效果是好的。

为什么要定位于零售环节？设计的初衷至少有这样几个考虑：

（1）安全性。设置钱包余额上限、交易额上限，降低挤兑风险，总体安全不会受到影响。

（2）便捷性。全社会已经具有数字支付基础，消费者也形成数字支付习惯，在此基础上推进数字人民币用于代替现金支付，更加便于推广使用。

（3）可靠性。技术研发体系相对完备，自主可靠性比较强。

（4）稳定性。循序渐进的推进模式，不会对现有金融体系带来冲击性影响，从而保持金融体系的总体安全稳定。

因此，在几轮试点基础上央行进一步明确：要继续"坚持 M0 定位"，数字人民币当前以满足国内零售为主。

然而，从竞争发展趋势来看，仅仅限定于此，既限制了数字人民币发挥作用的空间，也难以适应数字经济发展趋势要求。从货币规模来看，截至2022年3月月末，中国近250万亿元广义货币M2中，M0只有9.5万亿元。把数字人民币局限于这么小的空间，既难以充分发挥央行数字货币的作用，也不适应金融数字化发展的要求。显然，这不应当成为最佳选项，也不是长久之计，更不是我们发展央行数字货币的目标选择。

随着数字经济在经济社会领域的渗透率不断提高，以及数字经济的开放性不断增强，跨国经济交流日益常态化。如何更好发挥数字人民币的优势，在促进国内国际经济双循环中赢得主动，迫切需要数字人民币作用其中。所以，数字人民币定位要与时俱进，在应用中创新、在实践中发展，不断拓宽发展路径。毋庸置疑，数字人民币的初始定位有其合理性，但如果一成不变，则不符合发展的规律性。情况在不断地变化，特别是百年变局和百年疫情交互影响，如果再限定于国内为零售而零售，那无异于升级版的移动支付，而且还主要是在国内市场自娱自乐，这不利于加快形成数字人民币的国际影响力和竞争力。鉴于此，香港金融管理局曾就数字港币进行研究论证，结果发现几乎没有必要发行用于零售目的的CBDC，因为其支付基础设施已经足够。所以，要根据变化了的情况进一步正确定位，重构格局，优化发展。

不久前，有权威人士也指出，至少 e-CNY（数字人民币）设计的初衷是为了零售，虽不排除未来可能有跨境支付前景，但估计也是注重于跨境零售应用。

有专家则指出：数字人民币同传统人民币一样，可以应用于所有金融业务，包括银行贷款和央行再贷款等，尽可能替代所有传统人民币，特别是其中的非现金部分。在现实试点应用中，有金融机构结合实际进行了积极探索。如百信银行推出数字人民币＋信贷＋绿色金融；雄安新区供电公司等五家单位创建了"数字人民币＋智能合约＋双碳＋光伏＋融资租赁"数字化业务新模式。从实践维度探索拓宽数字人民币应用领域。

从长远发展来看，数字人民币发挥作用的空间和应用领域必然会扩展，数字人民币的竞争力也会随之得到提升，坚持正确定位基础上的不断创新是大势所趋，也是当务之急。

二、把握"试点"与"应用"的关系

试点是应用的起点，其目的就是服务于规模应用。应用是试点的继续，任何新事物的规模化都是要试点先行。

央行数字货币从试点起步，通过试点发现问题，完善技术，优化方案，这是正确的路径选择。从实践看，试点取得积极成果，为进一步推进应用积累了可贵的经验。到目前为止，数字人民币仍处于试点过程中，全面推广使用尚无明确时间表。其中，不仅涉及很多技术与应用上的难点，而且有很多认识上的问题需要解决。

当前，试点要继续，应用要布局。总的来说，我们不能停留在试点阶段，更不能为试点而试点。不能总是在"游泳池"中练动作，要在"汪洋大海"中长本事，也就是要在现实经济发展中扩大应用面。不能为求稳而放慢脚步，更不能为保平安而错失发展良机。应当明确，试点是为了应用，应用是新的试点，试点不能一劳永逸，要不断在试点中创造应用空间，在应用中提高试点水平。

下一步要继续坚持试点开路，但要逐步增加试点内容、扩大试点范围，为扩大应用发展夯实基础、拓宽路径。数字人民币在实践维度已经收到明显成效，还要通过扩围扩面加大落地应用的应试力度。最近，央行释放积极信号："有序扩大试点范围"。在现有试点地区基础上增加天津市、重庆市、广州市、福州市、厦门市以及浙江省承办亚运会的六个城市作为试点地区。

为此，要从认识和实践上进一步解决以下几个问题。

一是对已经进行的试点全面总结深化。找出试点有待改进的方面，理清进一步发展的思路，规划好发展路线图。设计方应当与时俱进地创新思路，深层谋划、务实推进。既不能等待观望，也不能犹豫彷徨，要一如既往地推进发展。适应数字化＋国际化大趋势，不失时机地推进数字人民币应用创新。

二是集各方之力，合力推进数字人民币进程。金融是现代经济的核心，牵一发而动全身，数字人民币既关系到经济体系各个方面，也关系到千家万户的切身利益。因此，这不仅是金融领域的事，仅凭央行一己之力是不够的，需要各方面积极配合，合力推进。这是成事之原则，正所谓"心合意同，谋无不成"。现在的问题是，如何把发挥央行的主导力与各部门的行动力结合在一起，既要加强央行的正确主导，又要更好发挥各方面的积极响应，共同参与、协同发展。事实上，有关部门在其发展规划和工作任务中，对此都有所涉及并提出了发展要求。如商务部印发的《全面深化服务贸易创新发展试点总体方案》提出，在京津冀、长三角、粤港澳大湾区及中西部具备条件的试点地区开展数字人民币试点。

三是加大试点应用和生态体系建设的力度。要强化规划指引，鼓励应用创新，这样才能在试点中发现问题，完善体系。不能囿于现成的设计框架，不敢越雷池一步，否则试点就成了"规定动作"，在一定程度上失去可试性，不仅难以试出真实的结果，也不能实现试点效应最大化。所以，要按照"抓好数字人民币等改革试点"要求，更好发挥试点地区的积极性，扩面提效、创新应用。鼓励试点地区推进试点示范，在关键领域重点突破。有些试点地区从实际出发，提出试点测试新做法和新期待。例如，《海南省金融业"十四五"发展规划》提出，探索具有海南自由贸易港特色的数字人民币应用场景，开展数字人民币跨境支付试点，打造数字人民币生态体系；珠海提出做大做强粤澳跨境金融合作（珠海）示范区，争取数字人民币在跨境场景试点使用。深圳前海提出各项支持政策鼓励数字人民币落地应用并给予相应奖励。因此，无论是从应用创新，还是从开放发展的角度考虑，都应当进一步扩大试点范围、增加试点内容，突出以开放城市和国家特殊开放区域为重点，开展数字人民币跨境支付试点，全面提高开放发展水平。

四是不能简单以美国为参照系。有人用数字美元研发早已完成却没有推进落地应用，来说明这不是一个简单事，并由此推论我们不能追求先行一步，抢先行动，要静观其变，慎之又慎。听起来似乎有道理，但细思也不以为然。美国的踌躇不前绝不能成为我们不落地应用的理由。认真分析可以发现，美国之所以不加快落地应用，主要是因为美国意图继续维持美元优势地位，继续尽享美元红利。数字人民币给我们提供了一个新的机会空间和时间窗口，如果我们把握好这一机会，创造条件积极推进使用，有可能在新起点上，在与其他币种竞争中，提高数字人民币的地位。所以，从这个意义上说，我们没有包袱，完全可以轻装出发。

三、把握"当前"和"长远"的关系

数字人民币起步早、推进快，试点测试逐步深入并取得超预期成果，被认为是最有可能先行落地应用的央行数字货币。越是如此，越要保持头脑清醒，坚持从本国发展实际出发，审时度势，谋定后动。

尤其要立足当前，规划长远，务实推进，坚定不移地做好自己的事。这是央行数字货币稳慎发展的重中之重，也是中国发展央行数字货币的正确选择。

中国正处在一个重要发展期，面临的机遇和挑战都是空前的。当下，在金融领域抓住机遇、应对挑战的关键一招，就是推进数字人民币加快发展，这将有利于畅通国内国际经济循环，推进共建"一带一路"高质量发展，破解西方国家各种形式经济限制，促进国际化互联互通、深化合作共赢发展。对此，美中经济与安全评估委员会向国会提交的年度报告如是说：数字人民币还将提高政府管控金融交易的能力，可以帮助中国减少对当前国际金融体系的依赖，规避美国的金融制裁，并提升其对数字技术国际标准制定的影响力。

当前在全球央行数字货币竞争大背景下，数字人民币的每一个动作，都会引起全球央行的密切关注。对此，没必要讳莫如深，无论你怎样解说，谁都会意识到其对现有金融格局的冲击性影响以及潜在竞争的增强，这是大家都心知肚明的道理。既然如此，更要义无反顾地做好自己的事，把设计和试点做实做好。

而实际上，以美国为首的西方国家，也倾力进行央行数字货币的研发，大多完成了技术测试阶段，正蓄势待发、伺机而动。

在央行数字货币跨境支付领域，我国也有好消息传来。2022 年 9 月 28 日，中国工商银行、中国农业银行、中国建设银行、中国银行、交通银行等国有大型银行发布了参与多边央行数字"货币桥"项目的情况说明。这也是历时一年多的探索后，正式落地的首个数字人民币跨境结算项目。

为此，我们更要深层谋划，从战略竞争的高度规划数字人民币发展，特别是对跨境支付场景做出预先安排和战略应对。逐步扩大相关场景的试点应用，优先在我国开放先行区域加大试点力度。尤其是要积极探索在金砖国家间、"一带一路"等国际经贸合作领域的跨境支付场景中应用数字人民币。积极倡导和推动多币种央行数字货币协同交互，共同应用于跨境支付结算中。在实践中推动不同国家央行数字货币跨平台支付连接（数字货币桥）与标准制定。与此同时，在推进零售型试点应用的基础上，谋划开展批发型央行数字货币的研发和试点，以争取今后发展的主动。

有研究指出，全球企业每年跨国转移近23.5万亿美元，相当于全球GDP的25%，而且不得不依赖于大规模跨境支付流程。从成本、速度和透明度的角度看，这种支付流程并不理想，除了导致每年高达1200亿美元的交易成本之外，还导致外汇兑换、流动性受限和延迟结算的额外成本。更重要的是，这一结算机制受制于西方，被美元所要挟。因此，多币种央行数字货币可以提供一个有效解决方案，从而使跨境、跨货币支付成为现实，每年可以为全球企业节省1000亿美元。

随着外贸新业态快速发展，对跨境人民币结算的需求大幅增加，促使人民币通过新业态、新模式、新渠道加快国际化步伐。为此，我国央行也在力推跨境人民币结算"升级"。前不久，央行印发《关于支持外贸新业态跨境人民币结算的通知》，支持银行和支付机构更好服务外贸新业态发展。这也在实践层面提出加快数字人民币跨境支付的要求。

更值得期待的是，一些相关机构正在研究使用数字人民币进行跨境支付技术测试，并做相应的技术准备，有望率先走出数字人民币跨境支付的关键一步。

四、把握"中心化"和"市场化"关系

数字人民币坚持央行中心化管理，这是央行的性质决定的，对于维护法定货币地位和货币发行权、提高支付体系效率、改善货币政策传导、维护金融稳定具有重要意义。对于M0发行流通实行中心化管理也是全球央行通行做法。就央行数字货币而言，坚持中心化管理就可以做到由央行统一规划、合理布局、有序推进。从而保证方向的正确性和安全可靠性。金融非同一般领域，风险性极强，同时也是部门利益的交汇点，利益博弈空间较大。如果缺乏央行主导，单纯部门利益导向，就会走向偏差，甚至出现多种不测的可能。从这个意义上说，"中心化"具有重要的现实意义。

但是，正如央行领导所言："央行数字货币的使用和推广应用应遵循市场化原则"。也就是说，要更好地发挥市场优势，运用市场机制，最大化体现央行数字货币市场应用价值。

所谓市场化原则，首先是要遵循市场规律，以效率最大化为根

本，以综合效益最大化为导向，积极有序地推进数字人民币发展，加快形成数字人民币市场优势。货币是市场的媒介，数字人民币也一样，只有在交易实践中才能确立市场地位，才能不断提高市场竞争力。从这个意义上说，数字人民币适时落地应用，既要有战略考量，也要有市场眼光。首要的是体现战略利益，同时兼顾经济利益，如果不能实现国家战略利益最大化和经济效率最优化，那么，这肯定不是最佳选择。或者进一步说，我们不能以牺牲利益和效率为代价去追求为落地而落地。

其次是主体的市场化，也就是合作主体的多元化。在这一方面，美联储曾明确表示，同私人机构合作开发数字美元。我国在实际推进过程中也采取多元合作模式，先期进行的数字人民币试点地区是"10+1"，六大国有银行等机构都作为数字人民币的第二层运营机构参与数字人民币的试点工作，同时参与试点的还有京东、美团等第三方平台机构。此外，数字人民币还要与移动支付战略协同。2021年，我国移动支付金额同比增长近25%，目前普及率已达86%。如果促进数字人民币与移动支付交互发展，可以放大协同效应，推动数字人民币快速驶入新轨道。

在这种多元合作中，突出体现强化央行"中心化管理"和发挥商业银行平台体系作用的结合。因为数字人民币只能在央行数字人民币专用平台，或者有运营机构参与运行维护的联盟链平台上运行，所以目前除央行专用平台外，参与的各大国有商业银行相继建立自有平台和运作体系。例如，中国工商银行自主研发数字人民币业务管理平台，支持个人和对公客户在线上、线下多渠道开设和使用数字人民币钱包；中国邮政储蓄银行已设立总行一级部门——数字人民币部；中国建设银行研发数字人民币系统和数字人民币钱包系统，支持数字人民币兑换及流通服务等。

在多元主体参与的同时，央行明确要求，政策设计要充分激发金融机构、科技企业、地方政府等各方的积极性和创造性，在推动运行中要鼓励竞争，而且要贯穿数字人民币发展、推广、普及全过程。

总之，既要发挥央行主导作用，加强央行"中心化管理"，保证对货币发行和货币政策的调控能力。同时，又要发挥商业银行和支付机构的中介作用，为公众提供数字人民币兑换和支付服务。这种双层经营体制是我们的特色，充分体现了中心化和市场化的要求。

五、把握"发展"与"安全"的关系

发展是安全的基础，安全是发展的保障。对央行数字货币而言，要发展肯定存在一定风险，但如果错失发展时机，潜在的风险会更大。正如美联储官员所言：在央行发行数字美元问题上，不采取行动的风险，就如同采取行动的风险一样。

静态安全是理想化的，动态安全才是常态化的。我们应当从数字时代的高度和数字经济发展角度来认识数字人民币发展，通过新发展构筑安全和风险防控新体系。数字化是把双刃剑，既能放大金融风险，也能提升风险防范水平。所以，在加快数字化发展的大趋势下，要加快树立数字理念、形成数字自觉、增强数字能力。我们已经开启全新数字时代，数字经济成为继农业经济、工业经济之后新的经济形态，数字经济发展速度之快、辐射范围之广、影响程度之深前所未有，正推动生产方式、生活方式和治理方式深刻变革，成为重组要素资源、重塑经济体系、重构发展格局的关键力量。数字经济发展要求加快金融数字化进程，央行数字货币就是金融数字化重要实现形式。随着数字经济加快发展，推动金融变革速度加快，数字人民币的进程也必然要随之加快。特别是随着元宇宙金融的出现，拓宽金融创新路径，倒逼数字人民币加快应用进程。所以，要从数字化的视角来认识推进央行数字货币发展的紧迫性，增强使命感和责任感，要在原有布局基础上加速度。

应当认识到，"十四五"时期，我国数字经济转向深化应用、规范发展、普惠共享的新阶段。到 2025 年，数字经济迈向全面扩展期，2035 年，数字经济将迈向繁荣成熟期。金融不可能置身事外，数字金融应当走在最前面。

我们不能再简单重复工业时代的金融逻辑，维系于传统金融体系。数字货币作为数字经济的重要组成部分，应当更好发挥支撑作用。在一定意义上，我国数字经济发展正在从技术驱动向金融驱动转变，提高我国数字经济竞争力，有待数字金融重点发力，为数字经济发展提供强有力的支撑。坚持应用牵引、数据赋能。坚持以数字化发展为导向，充分发挥我国海量数据、广阔市场空间和丰富应用场景优势，加快推动金融数字化，为数字人民币深化应用创造更加广阔的空间和更为丰富的应用场景，在发展中全面提升数字人民币竞争力。为此，我们要努力下好数字人民币这一"先手棋"。

第七章

欧盟数字化及欧美企业数字化进程

欧盟的数字化进程起步较早，而且具备较为完整的数字化战略研究和规划体系。随着欧盟与美国之间争夺全球数字市场主动权的竞争愈演愈烈，欧美数字化也呈加速发展态势。本章基于2022年相继发布的多份官方报告，就欧盟数字化和欧美企业数字化的进程进行比较分析。

第一节　欧盟的数字化

2022年7月28日，欧盟委员会正式发布了《数字经济和社会指数》，该报告也称"DESI 2022"。DESI系列年度报告是由欧盟委员会自2014年以来官方主导并发布的权威性数字经济研究成果总结，涵盖欧洲数字经济发展中的重点发力方向，并监测欧盟成员国在数字化转型方面的具体进程。同时，欧盟委员会还于2021年3月，发布了其迈向 2030 年全面数字化目标的"数字十年"（Digital Decade）计划，围绕数字技能、数字基础设施、企业的数字化转型以及公共服务的数字化这四个核心区块，提出了具体的发展子目标。并使用源自 DESI 报告所公布的一系列数字经济发展指标和数据，来评估欧盟成员国对所预设的数字化转型任务的具体完成情况。DESI 报告和"数字十年"计划互相依托，共同推进并共享数据，二者皆是欧洲数字经济战略制定的核心研究参考类文件。

一、总体概述

  DESI 2020 的研究成果表明，新冠肺炎疫情在客观上进一步推动了欧盟的数字化进程，加速了远程工作、电子商务和自动化的普及与发展，欧洲的企业和民众开始大幅增加如云计算和在线互动等数字化解决方案的使用。同时，新冠肺炎疫情也改变了就业市场的运作模式，大量 ICT 专业技能人员进入欧洲就业市场，企业和员工的远程工作模式占比大为提高，全面数字化开始成为欧盟重点规划的核心发展主题。

  但是，来自 DESI 2022 的数据显示，虽然大多数欧盟成员国在数字化转型方面均取得了明显进展，但欧洲企业在人工智能和大数据等关键数字技术方面的应用率仍然偏低，即便在芬兰、丹麦、荷兰和瑞典等欧盟数字化程度领跑国家亦是如此。随着更多的应用服务逐步转移至在线模式，数字技能水平的缺失也会拖累未来的经济发展，加深数字化鸿沟（digital divide），并增加数字排他性（digital exclusion）的风险。

就整体而言，欧盟国家的数字化之路呈现出携手并进的总体趋势，这意味着欧盟作为一个区域联合体，数字化转型的整体布局已经收到了一定成效。值得一提的是，原本部分数字化水平较低的欧盟成员国，如意大利、波兰和希腊等，在过去的五年中也实现了令人瞩目的数字化进步，大幅改善了其在DESI评测体系内的数据表现，并获得了持续的数字化转型注资。但俄乌冲突的长期化和日渐严峻的能源危机，也让欧洲暴露在更大的地缘政治风险之中。因此，加速推广基于欧盟价值观和原则的数字解决方案，并加强新一代基础设施（尤其是5G）和网络安全的建设，在当前的全球大背景下显得尤为重要。

报告主要在以下四个重点领域介绍欧盟的具体数字化进程：数字基础设施、数字技术的整合、数字政务和人力资源。报告中所罗列的数据主体均源自欧盟统计局（Eurostat），一些涉及宽带互联网的数据指标则由欧盟委员会通过其下属的通信委员会（Communications Committee）从各个欧盟成员国中收集而来。而其他数据指标，如电子政务等，则大部分由专门面向欧盟委员会所制定的一系列研究中综合提炼而来。

二、数字基础设施

为了让所有欧盟公民都能获取高质量的数字服务，欧盟需要一个能提供优质数字互联，且具备安全性和可持续性的基础设施网络。同时，进一步融合 5G/6G 技术手段，利用最新的光纤科技创建稳定的固定和无线互联网系统。为此，欧盟委员会主席在年度国情咨文中强调，欧盟将以"前所未有的方式加大对 5G 和光纤的投资"。

此外，普通的住宅建筑和商业消费者都将需要千兆宽带连接，来满足日益增长的技术和设备需求，如视频标准的改进、云服务、基于 VR 和 AR 的应用程序、AI 应用程序、自动驾驶、现代物流和制造等，尤其是那些依赖于实时、分布式数据处理能力的应用程序，它们将产生和共享大量的数据，需要基础连接设施以稳固的方式提高上传和下载的平均速度并降低延迟。因此，千兆连接服务和 5G 移动覆盖的可用性，正在成为区域和城市打造经济吸引力的一个日益凸显的基础要素。此外，半导体技术也是实现安全和可持续数字化转型的另一项关键技术支撑。新兴的数据处理、人工智能技术的普及应用、边缘计算（edge computing）的发展、对云计算设施日益增长的需求，都对下一代半导体技术提出了硬性要求。据估计，人工智能芯片市场将成为下一个十年间整个半导体行业增长的决定性领域。

与此同时，量子技术的突破也可能会在未来对多个产业产生深远的影响。第一批应用量子技术的设备，已经开始通过实验物理平台或以高级模拟器的形式先行投入使用，其中，量子计算机作为与超级计算机互连的加速器，成了融合量子技术和经典计算技术的"混合大脑"。得益于超大的计算潜力，量子计算技术能够在复杂研究（如气候变化和可持续能源）和工业发展（如模拟科学和人工智能）领域引领突破性的创新。

（一）宽带连通性

在 DESI 的衡量体系下，连通性主要基于固定和移动宽带连接的需求（使用）和供应（覆盖）两个方面。此外，固定和移动网络的市场价位以及捆绑互联服务包（固定组件＋移动服务）的零售价格也在考量范围之内。

欧盟委员会通过其"数字十年"计划，制定了两个锚定 2030 年宽带连通性的关键指标：一是所有家庭的千兆宽带覆盖率；二是所有人口稠密地区的 5G 网络覆盖率。迄今为止，已有不少欧盟成员国开始在欧盟委员会的批准协助下，积极围绕这两个目标打造宽带基建网络，并加大对相关领域的投资和改革力度。但是，欧洲的农村和城市之间的宽带覆盖率仍不平衡，差异较大，尤其是在固定超高容量网络（Very High Capacity Network，VHCN）方面。因此，欧洲需要继续推动建设可预测的监管环境，激励对宽带项目的投资，并降低宽带技术的部署成本。

在连通性的综合评分方面，丹麦得分最高，其次是荷兰和西班牙，而比利时和爱沙尼亚在此方面的表现垫底。

1. 宽带覆盖

早在 2013 年，所有的欧盟家庭已经实现每户至少拥有一种主流宽带技术的覆盖，如光纤到户、固定无线接入、4G、卫星网络信号等。而到 2021 年，至少能提供 30 Mbps 下载速度的下一代互联接入（Next Generation Access，NGA）技术，在欧盟的覆盖率也达到了 90%，与上年同期相比增加 2.9 个百分点（见图 8-1 和图 8-2）。截至 2021 年，VHCN 技术继续延伸至 70% 的欧盟家庭，高于上一年的 60%。在移动技术方面，人口稠密地区的 4G 网络覆盖已经接近完美，高达 99.8%，所有欧盟成员国的 4G 网络覆盖率也均超过 95%。同时，5G 网络的覆盖率也从 2020 年的 14% 大幅攀升至 2021 年的 66%。但是，截至 2021 年年中，仍有两个欧盟成员国（拉脱维亚和葡萄牙）还未向市场推出 5G 商业服务。相比之下，虽然 4G 网络在欧盟农村地区的覆盖率已达 99.6%，但偏远地区整体的宽带覆盖率仍然不容乐观，8.5% 的农村家庭甚至没有任何固定网络接入，而 32.5% 的农村家庭则缺乏 NGA 技术服务。

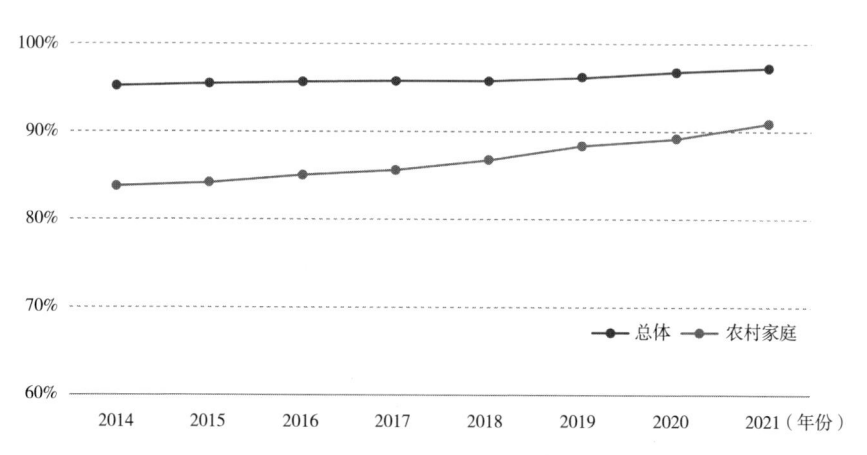

图 8-1　2014—2021 年拥有固定宽带网络的欧盟家庭用户占比率一览

资料来源：IHS Markit, Omdia, Point Topic and VVA, Broadband coverage in Europe studies

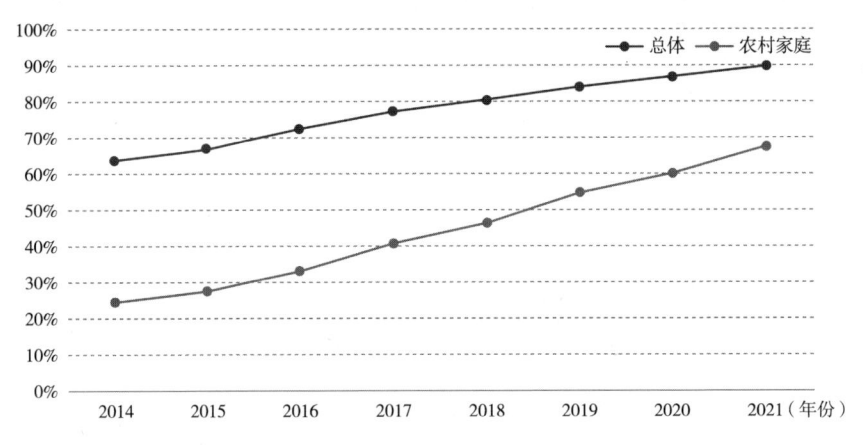

图 8-2　2014—2021 年拥有下一代宽带技术
接入（NGA）的欧盟家庭用户占比率一览

资料来源：IHS Markit, Omdia, Point Topic and VVA, Broadband coverage in Europe studies

2. 固定宽带使用率

在经历了过去 9 年的稳定增长后，2021 年，有超过 3/4（78%）的欧盟家庭拥有固定宽带服务（见图 8-3），不同欧盟成员国之间的这一数据水平则从 61% 到 97% 不等。具体而言，荷兰、塞浦路斯、卢森堡和马耳他的表现最优，而芬兰、保加利亚、拉脱维亚、罗马尼亚、立陶宛和波兰则相对落后。与欧盟宽带覆盖率的数据表现类似，城市和乡村之间的差异依旧明显，只有 70% 的欧洲农村家庭拥有固定宽带，而城市家庭中这一比例则为 83%。欧盟成员国中，芬兰（76% 对 46%）、罗马尼亚（78% 对 53%）和保加利亚（72% 对 48%）的城乡差距最为显著。

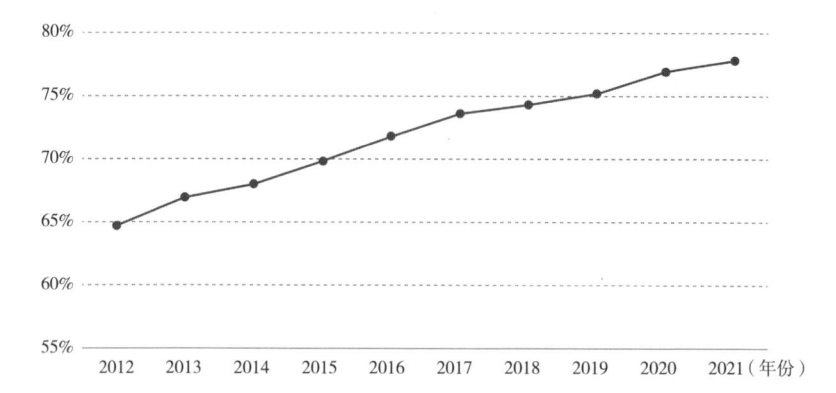

图 8-3　2012—2021 年间开通宽带服务的欧盟家庭占比率一览

资料来源：Eurostat, European Union survey on ICT usage in Households and by Individuals

从固定宽带的速度表现来看，自 2012 年以来，带宽为至少 100 Mbps 以上的高速固定宽带的普及率，出现了迅速拉升的趋势（见图 8-4）。2021 年，已有 41% 的欧盟家庭开通了此类服务，而 9 年前这一数据只有 2%。西班牙、瑞典、葡萄牙、卢森堡和匈牙利在该指标上处于领先位置，上述每一国中，至少有超过 60% 的家庭开通了此类型宽带。相比之下，希腊、克罗地亚和奥地利的这一数据表现尚不到 20%。

3. 移动宽带使用率

2021 年，有 87% 的欧盟居民使用移动设备访问互联网，较 2016 年的 73% 有着明显上升（见图 8-5），与 2021 年欧盟普通互联网用户的数量占比（87%）基本持平。每个欧盟成员国均在推广移动宽带业务，国民普及率在 73%（保加利亚）和 98%（爱尔兰）之间浮动。然而以家庭单位而言，固定宽带仍是主流，移动宽带在更多情况下则是作为连接互联网的辅助手段之一。2021 年，仅有 13% 的欧盟家庭采取纯移动技术接入互联网，在这一数据表现方面，芬兰（34%）、拉脱维亚（24%）、波兰（23%）、罗马尼亚（22%）和保加利亚（21%）在欧盟的纯移动接入市场处于领先地位。

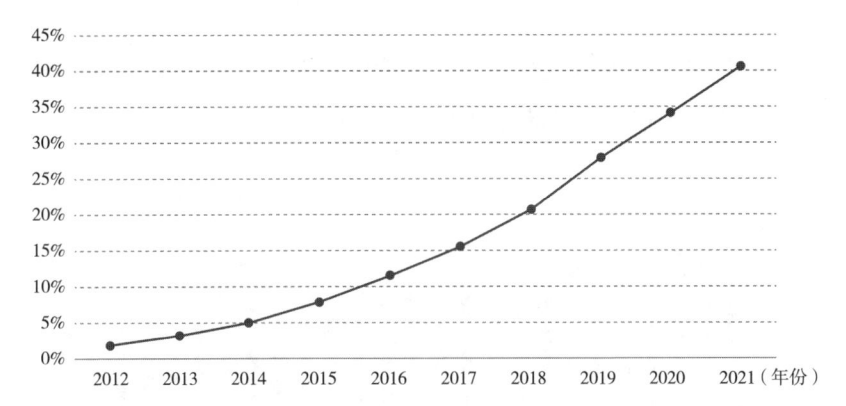

图 8-4　2012—2021 年间拥有带宽为至少 100 Mbps 以上的宽带服务的欧盟家庭占比率一览

资料来源：Estimated based on the European Union survey on ICT usage in Households and by Individuals and data from the Communications Committee (COCOM)

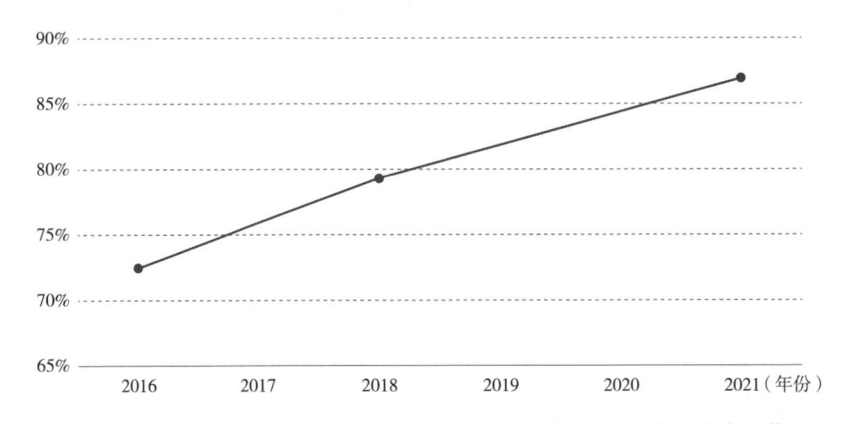

图 8-5　2016—2021 年间使用移动宽带的欧盟个人用户占比率一览

资料来源：Eurostat, European Union survey on ICT usage in Households and by Individuals

4. 宽带服务价格

欧盟的宽带价格指数（Broadband Price Index，BPI），是一种综合具有代表性的多种固定、移动和融合宽带产品的一揽子价格衡量指标，细指30多个具有不同上网速度标准的宽带服务消费价格的综合得分。经数据统计，立陶宛、波兰和保加利亚的宽带价格最为优惠，而比利时、克罗地亚和希腊的相对上网成本则最高（见图8-6）。

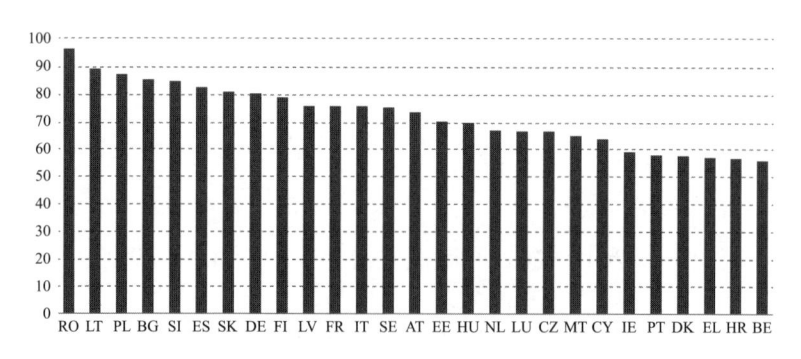

图8-6 2021年欧盟成员国宽带价格指数一览

资料来源：Commission, based on Empirica (Retail broadband prices study)

注：横坐标为欧盟成员国的简称。RO：罗马尼亚，LT：立陶宛，PL：波兰，BG：保加利亚，SI：斯洛文尼亚，ES：西班牙，SK：斯洛伐克，DE：德国，FI：芬兰，LV：拉脱维亚，FR：法国，IT：意大利，SE：瑞典，AT：奥地利，EE：爱沙尼亚，HU：匈牙利，NL：荷兰，LU：卢森堡，CZ：捷克共和国，MT：马耳他，CY：塞浦路斯，IE：爱尔兰，PT：葡萄牙，DK：丹麦，EL：希腊，HR：克罗地亚，BE：比利时。

（二）半导体

半导体市场是当前全球地缘战略利益和技术竞赛的聚焦点。目前，就整个半导体价值链的整体营收而言，美国处于领跑位置，其次是韩国、中国台湾（地区）、日本和欧盟。但是，在这一领域，欧盟全球半导体市场营收占比仅为10%左右。为此，欧盟的"数字十年"计划专门设定了总体目标：到2030年，欧盟的半导体市场份额需在目前的基础上翻一番。随着数字化转型的加速，全球市场对芯片的需求迅速增长，预计到2030年将超过1万亿美元，较2020年的市场规模增长一倍。而这也意味着欧盟如欲实现2030年的预定目标，其半导体行业的总营收将需要至少翻两番。

伴随着国际局势的不断变化，当前世界的各个主要经济体都力求确保先进芯片的稳定市场供应，因为这直接影响到一个国家在经济、工业和军事方面的行动力，并与其数字化转型的程度息息相关。许多国家已经出台具体措施，加大对半导体行业的投资力度，支持其发展，以期提升产能和优化创新。例如，美国的《芯片法》（US Chips Act）计划在2026年之前，为半导体的制造和研发分配520亿美元的公共资金，并提供大量相应的税收减免措施；中国有望在2015—2025年间向芯片行业注入超过1 500亿美元的专项投资基金；日本为其半导体项目提供公共政策支持，计划投资80亿美元用于新建制造基地；韩国也通过了类似的税收优惠政策以支持半导体行业的发展，到2030年，韩国私营企业在芯片研发和制造方面的投资额，预计将达4 500亿美元之高。从需求侧分析，计算和通信设备占芯片市场的60%以上。虽然欧盟目前是全球汽车制造和工业自动化领域的强者，但是欧盟的芯片制造商在上述相关领域的影响力却并不明显，市场份额也较为落后。

欧洲是电子系统相关部件的消费大户，约占全球这一行业市场消费总量的 20%，且目前主要依赖于来自第三国的芯片供应。如果供应链中断，欧洲在汽车等一些工业领域的芯片储备可能会在几周内耗光，整个欧洲的工业制造将被迫放缓速度，甚至停止生产。此外，欧洲的自主芯片制造能力也相当有限，高度集中于较为成熟的生产节点（22nm 及以上）之上，产品主要适用于模拟、传感和功率元件。但是，数字技术处理需要先进的芯片工艺（7nm 及以下）进行适配，而欧盟在这一领域仍处于缺失状态。目前，全球只有三家企业能够生产 10nm 标准以下的芯片：英特尔、三星和台积电。因此，欧盟需要通过国际合作的手段来弥补在这一领域的差距，积极引进先进的制造体系，发展欧盟自身的芯片研发生态系统，内外结合，为芯片的产能创造溢出效应。

纵观半导体行业的整体价值链，欧盟在研发和设备制造部分仍然拥有相对优势，但除此之外，欧盟必须克服当前在芯片设计、封装和组装方面的突出弱点。欧盟在当前的全球半导体竞赛中落于下风，主要是因为在此方面的投资不足以跟上行业增长的速度。同时，欧洲的半导体生产方只专注于满足欧盟当前重点制造行业的芯片需求，如整车制造，而此类行业对最前沿的半导体技术通常没有硬性要求。因此，欧洲的半导体行业缺乏追赶美国、韩国和中国台湾地区芯片高新技术水平的内生动力。在此背景下，为实现"数字十年"所定调的芯片相关目标，欧盟将需要在现有基础上大量追加公共和私人投资，不仅要提高生产和设计能力，也要同时增强生产尖端半导体所必需的知识储备。鉴于此，欧盟委员会于 2022 年 2 月 8 日公布了《欧洲芯片法》（The European Chips Act）提案，旨在加强欧洲半导体生态系统的建设，提高供应链的弹性并减少对外部市场的依赖。这是欧盟追求芯片技术主权的关键一步，也是为完成"数字十年"的预设目标所落实的关键政策之一。

三、数字技术的整合

数字技术是现代企业获得竞争优势、改善服务和产品并扩大市场份额的关键所在。为了实现欧盟的数字主权（digital sovereignty），除了要满足信任、安全和基本权利等要求，存储、提取和处理数据的能力是重中之重，而这需要辅以高容量的数字基础设施和大量创新技术的应用。此外，建设更具弹性的供应链，减少对进口部件，尤其是对半导体产品的依赖度，也有助于欧盟数字主权的实现。

在 DESI 报告考察数字技术的整合层面时，我们着重衡量企业和电子商务的数字化水平，特别是企业针对数字技术由基础到高端的应用程度，包括电子信息的共享、社交媒体的使用，以及大数据分析、云服务和人工智能等更先进技术的应用等。同时，欧盟的中小型企业通过电子商务渠道在境内和整个欧盟区域的销售情形以及由此所产生的市场份额，也是重点考量对象之一。整体而言，在数字技术整合方面表现最优的欧盟国家是芬兰、丹麦和瑞典,而罗马尼亚、保加利亚和匈牙利则在此排名中垫底。

(一)数字强度指数(Digital Intensity Index,DII)

数字强度指数主要衡量不同类型的数字技术在企业层面的使用情况,根据12种有代表性的特定数字技术(如社交媒体、客户关系管理、云计算、人工智能等)的实际应用情形,来具体判定一个企业的DII得分。调查结果显示,欧盟大型企业的数字化程度领先于中小企业,且在数字技术的普及率方面也具有相对优势。其中,有若干项技术的采用率已经趋于饱和,但大多数指标仍有不少提升的空间。

在整个欧盟区域,目前只有芬兰、丹麦、马耳他和瑞典这四个国家拥有"非常高"的DII得分,即在12种特定数字技术中至少已采用10种的企业占比超过了9%。其次是奥地利、爱尔兰、斯洛文尼亚和德国,占4%以上。相比之下,在罗马尼亚、保加利亚、匈牙利、希腊和拉脱维亚等国家,超过60%的企业只对数字技术进行了少量投资,DII得分位于"非常低"的水平(见图8-7)。

此外,基于"数字十年"提案所设定的目标,到2030年,90%以上的欧盟中小型企业都应至少达到基本的数字化强度水平(basic level of digital intensity),即在12项特定数字技术范围内,采用其中至少4种。如果按数字强度的水平划分,它应包括具备"非常高""高"和"低"DII

分数的所有欧盟中小型企业。数据显示，在欧盟范围内，北欧区的国家（瑞典、芬兰和丹麦）有至少80%的企业均达到了基本的数字化强度水平，而在罗马尼亚和保加利亚，这一数值则低于30%（见图8-8）。

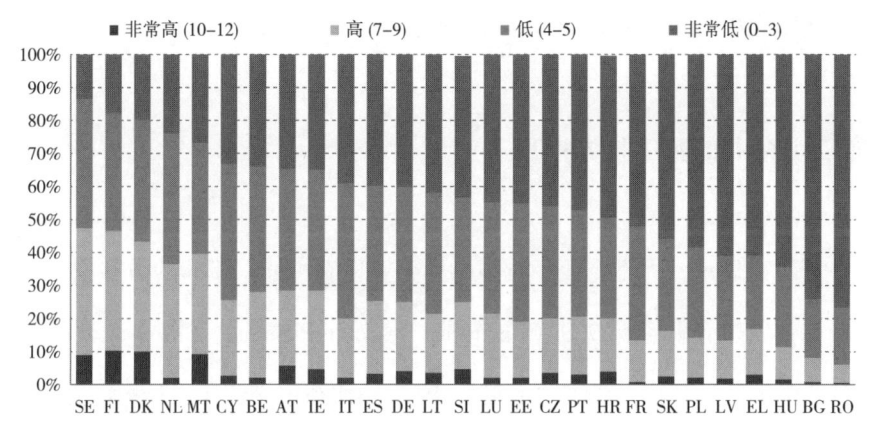

图8-7 2021年欧盟成员国按等级划分的数字强度指数一览

资料来源：Eurostat, European Union survey on ICT usage and e-commerce in enterprises.

注：图中小括号内的数字，如（7-9），代表企业在12种特定数字技术中已经拥有或采取的技术数量，依次分为非常高、高、低和非常低这四个数字强度水平。

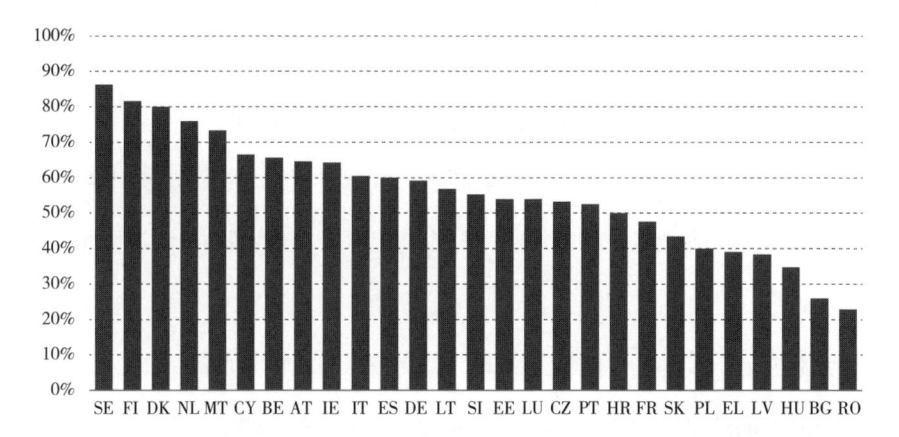

图8-8 2021年欧盟国家中具有基本数字化强度水平的中小型企业占比一览

资料来源：Eurostat, European Union survey on ICT usage and e-commerce in enterprises.

总体而言，欧盟中小型企业的数字化水平在区域和行业之间仍然缺乏平衡。为此，需要广泛提高对数字技术潜力的认知，提升企业员工的基本数字素养，加快数字技术的整合，让数字技术真正融入企业的基因之中，成为日常业务运营流程中的常规部分。

（二）企业的数字技术应用

研究显示，大型企业相较中小型企业更有可能采用新的数字技术。例如，通过企业资源规划（Enterprise Resource Planning，ERP）软件所进行的电子信息共享，在大型企业（81%）中比在中小企业（37%）中应用得更为普遍，而应用社交媒体平台的大型企业（61%）数量是中小企业（28%）的两倍有余。另外，中小企业对电子商务技术的运用也相对有限，只有约18%的欧盟中小型企业开通了互联网销售渠道（大型企业为38%），而其中跨境在线销售的占比更是低至9%（大型企业为24%）。

拥有先进的数据处理能力并从数据中提取有价值的信息，对于提升欧盟的经济竞争力至关重要。如果高级大数据分析技术在欧盟所有企业中的普及率能达到75%，将能使欧洲的企业追赶上全球数据技术应用的整体发展趋势，并在人工智能、自然语言处理和扩展现实技术方面，深入探索融合数据分析技术的可能性。因此，需要加强对欧洲企业的员工在高级数字技能方面的培训工作，同时进一步完善法律体系，厘清数据保护和责任问题的法律界限，最大限度地降低数据安全和保护方面的违规风险。

（三）云计算

根据欧盟"数字十年"提案所明确的目标，到 2030 年，云计算技术需覆盖超过 75% 的所有欧盟企业。数据显示，2021 年，有 34% 的欧盟企业购买了较复杂（sophisticated）或中等程度（intermediate）的云计算服务，并成功使用云技术降低了生产成本，改善了企业运营。但值得注意的是，在 2021 年，欧盟大型企业（60%）云计算技术的使用率几乎是中小型企业（33%）的 2 倍（见图 8-9）。

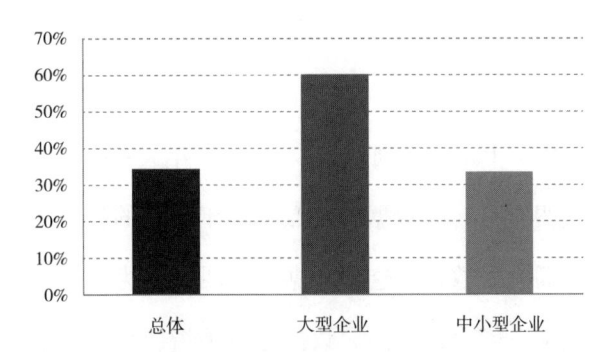

图 8-9　2021 年欧盟大型和中小型企业采用较复杂或中等程度云计算服务的占比率一览

资料来源：Eurostat, European Union survey on ICT usage and e-commerce in enterprises.

此外，北欧企业在较复杂或中等程度云计算服务的技术整合方面领跑全欧盟，在瑞典、芬兰、丹麦和荷兰，已经有超过 60% 的当地企业购买了此类服务。意大利和爱沙尼亚紧随其后，占比也超过 50%。然而，国家间的数值差距仍然很大。例如，保加利亚和罗马尼亚的这一数值甚至要低于 15%。

从行业角度来看，已有超过 2/3 的 ICT 行业采用了高级或中级云计算服务。紧随其后的是出版业，占比为 60%。而在建筑（26%）和运输仓储行业（29%）则鲜见对云计算技术的实际应用，这两个行业排名垫底。然后是制造业，占比为 32%。总体而言，云计算技术的跨行业分布态势与各行业的数字化进程基本保持一致，这在一定程度上是由行业的基本性质所决定的。例如，欧盟建筑和运输业的整体数字化水平最低，是因为上述行业的主流商业模式对数字技术应用的要求普遍较低。

（四）大数据

欧盟的"数字十年"计划要求，到 2030 年大数据技术需覆盖超过 75% 的所有欧盟企业。大数据的优点依赖于数据的数量、种类和处理速度，即所谓的海量数据。这些数据在本质上较为复杂，以不同的格式存在，且经常发生变化。而大数据分析是指使用数据挖掘和机器学习等技术或软件工具，对从企业自身数据源或其他数据源中所提取的大数据进行分析的整个过程。

欧盟各地的企业都在不断地采用新技术来收集、存储和分析数据。调查显示，2020 年有 14% 的欧盟企业采用了大数据分析技术，帮助企业从不同格式类型的数据中，提取了实时或近乎实时的数据结果。欧盟的大型企业在大数据处理的应用方面领先（占比 34%），而中小企业在这一方面则明显落后（占比 14%）。在马耳他，有近三分之一的企业已经将大数据分析技术用于实践，荷兰和丹麦紧随其后，占27%。但是，罗马尼亚、斯洛伐克、塞浦路斯和保加利亚等国则只有5%—6%的企业采用大数据分析技术。另外，行业细分数据表明，欧盟的旅游业（如旅游预订服务和相关活动）以及出版业对大数据分析技术最为青睐（使用占比均为28%）。其次是ICT行业，为25%。相比之下，只有15%的批发和零售贸易企业已经应用大数据分析，建筑和房地产行业为13%，而制造业仅有10%。

（五）人工智能

欧盟在"数字十年"计划中提出，到2030年，AI技术需覆盖超过75%的所有欧盟企业。时至今日，欧盟对人工智能技术的采用率仍然普遍较低，仅为8%。但是，欧盟成员国之间的数据表现仍存在一定差距。总体上看，有10个欧盟国家的人工智能技术采用率已超过10%，其中丹麦（24%）、葡萄牙（17%）和芬兰（16%）处于领先梯队。同时，有7个国家的AI技术普及率在5%到10%之间，即克罗地亚、奥地利、西班牙、爱尔兰、法国、意大利和斯洛伐克。但仍有10个欧盟国家（如保加利亚、爱沙尼亚、塞浦路斯、匈牙利和波兰）的AI技术采用率非常低，均没有达到5%。罗马尼亚以1%的数据占比在欧盟中排名垫底，这与罗马尼亚企业整体数字化程度基本保持一致，均严重低于平均水平。详情见图8-10。

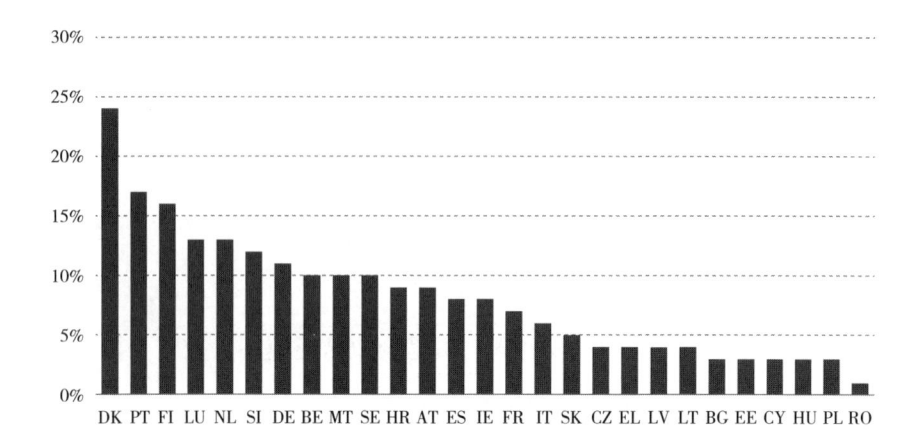

图 8-10　2021 年欧盟国家中企业应用 AI 技术的占比一览

资料来源：Eurostat, European Union survey on ICT usage and e-commerce in enterprises.

与大多数先进技术的普及情形类似，大型企业相较中小型企业在人工智能技术的应用率方面要明显偏高（见图 8-11）。2021 年，欧盟大型企业的 AI 技术普及比例是中小型企业的 3 倍有余（29% 对 7%）。从行业看，ICT 行业在使用 AI 技术方面拥有绝对优势，占比达 25%，其次是出版业，占 18%。房地产和制造业等其他行业则远远落后，平均只有 7% 的企业在使用 AI 技术。而运输和仓储以及建筑行业的 AI 技术普及率最低，仅为 5% 左右。

（六）独角兽企业

独角兽企业是估值超过 10 亿美元的私营初创型企业的代称，是一国的创新领域在全球市场获取商业成功的最佳证明。根据欧盟"数字十年"计划的预设目标，到2030年，欧盟27国的独角兽企业数量需在目前的基准上翻一番。另据Dealroom发布的数据，截至2022年3月，全球共有2 282家独角兽企业，美国独角兽企业最多，达1 243家，其次是亚洲地区，有530家。此外，中国有306家，而欧盟区却总计只有222家。因此，欧盟在这一方面亟需提升。在欧盟内部，德国独占鳌头，拥有58家独角兽企业，法国（35家）、瑞典（30家）和荷兰（24家）紧随其后（见图8-12）。但是，也有8个欧盟成员国在这一领域完全空白，独角兽企业的数量为零。令人欣喜的是，部分欧盟国家在培育独角兽企业方面取得了重大进展，例如，波兰的独角兽企业数量增加了5倍以上（从2家到11家），而捷克也在过去一年间取得了重大进展，4家独角兽企业成功创立。

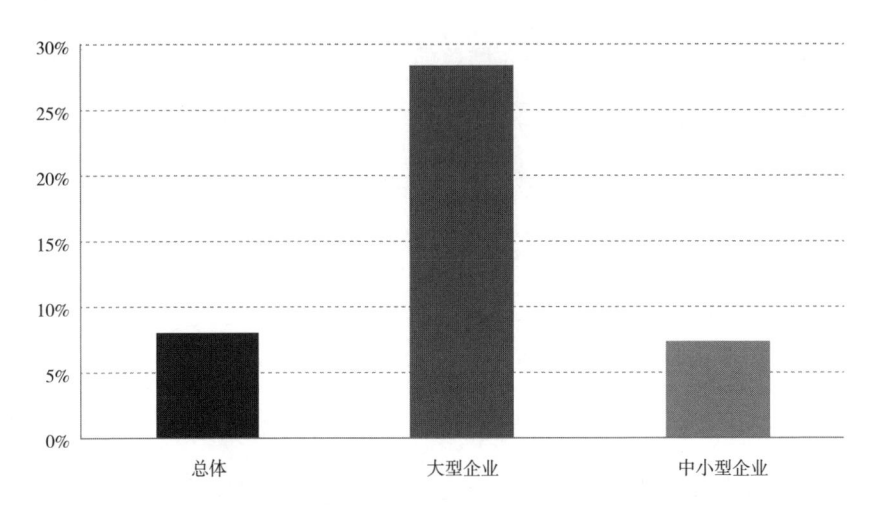

图8-11 2021年欧盟大型和中小型企业采用AI技术的占比率一览

资料来源：Eurostat, European Union survey on ICT usage and e-commerce in enterprises.

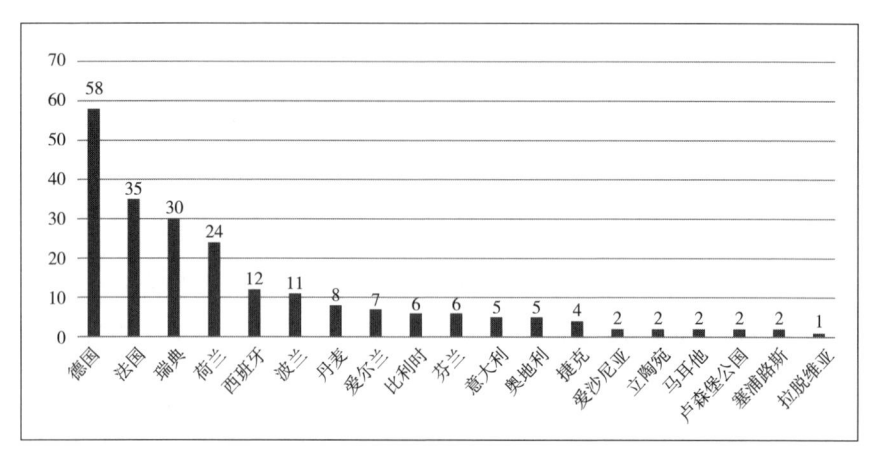

```
70
60  58
50
40      35
30          30
20              24
10                  12  11
                            8   7   6   6   5   5   4   2   2   2   2   2   1
 0
   德  法  瑞  荷  西  波  丹  爱  比  芬  意  奥  捷  爱  立  马  卢  塞  拉
   国  国  典  兰  班  兰  麦  尔  利  兰  大  地  克  沙  陶  耳  森  浦  脱
                  牙          兰  时      利  利      尼  宛  他  堡  路  维
                                                  亚              公  斯  亚
                                                                  国
```

图 8-12　2021 年欧盟国家中企业应用 AI 技术的占比一览

资料来源：Dealroom, March 2022

为了更好地培育独角兽企业，一个稳定且动态发展的初创生态系统是必不可少的先行条件。根据 Startup Genome 的数据，在 2021 年全球最佳创业生态系统的排行榜中，硅谷、纽约和伦敦位列前三。然而，竟没有一个欧盟区域进入榜单前十。荷兰的阿姆斯特丹大三角区（Amsterdam-Delta）拥有当今欧盟最具竞争力的初创生态系统，但也只位列第 14，其次是柏林（第 15 位）、巴黎（第 21 位）和斯德哥尔摩（第 24 位）。榜单的前 30 名中有一半都位于北美地区，相比之下，整个欧盟区却总计只占有 4 个席位。

在全球 12 家市值最高的独角兽企业中，前 5 名均位于美国，紧随其后的是 4 家来自中国的企业，没有一家出自欧盟。同时，谷歌以 1.9 万亿美元的市值高居第一，相比之下，欧盟最大的独角兽企业 Adyen（位于阿姆斯特丹）的估值为 568 亿欧元。紧随 Adyen 其后的欧盟独角兽企业是 Spotify 和 Klarna（均位于斯德哥尔摩）。欧盟区独角兽企业的前 12 位排行中，有 5 家位于德国，3 家位于瑞典和荷兰，爱尔兰、丹麦和比利时则各有 1 家。

数据显示，金融科技（45家）、企业软件（28家）和健康（27家）是欧盟独角兽企业最为集中的行业（见图 8-13），而在人工智能和大数据领域，初创企业的活跃度最高，企业的数量很可能在未来会得到进一步的动态增长。与此同时，先进制造和机器人技术、区块链、农业技术和新食品这三个新兴领域呈现快速发展的势头，针对相关前沿技术的投资正在明显增加，可能会在未来的某一个时间点迎来爆发式增长。但同时也不难发现，部分领域的初创企业活跃度反而正在降低，如对广告技术和数字媒体的投资额呈下落趋势。

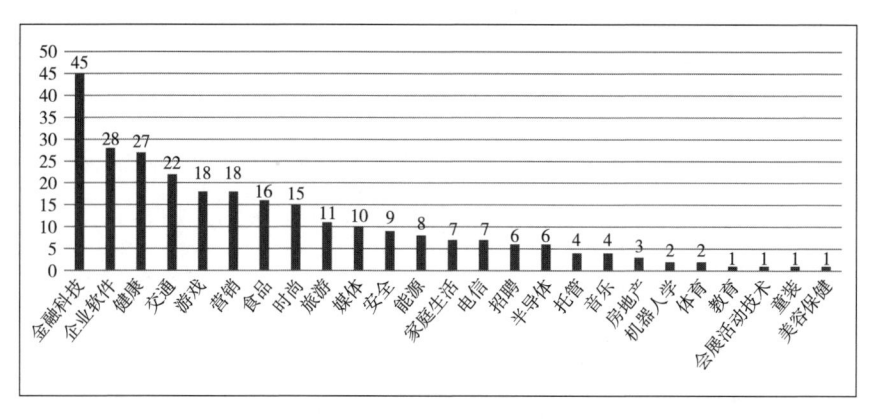

图 8-13　2021 年按行业划分的欧盟独角兽企业数量一览

资料来源：Dealroom

（七）电子商务

在电子商务行业的监管方面，欧盟委员会已经公布了两项立法提案对欧盟的数字服务法规体系进行整体升级：《数字服务法》和《数字市场法》。它们相辅相成，形成了一套适用于整个欧盟的新规则体系，以期为欧洲创建一个更安全、更开放的数字空间。《数字服务法》和《数字市场法》拥有相似的立法目的：一是创建一个更安全的数字空间，保护欧盟所有数字服务用户的基本权利；二是打造一个公平的竞争环境，以促进欧盟单一市场的进一步发展以及促进定位于全球市场的创新、增长和竞争能力。

2021年，约有1/5的欧盟中小型企业通过在线渠道展开销售，在线销售额占总营业额的12%左右。2015至2021年，欧盟中小型企业的互联网销售比例提高了3个百分点，互联网销售总额也增长了2个百分点。详情见图8-14。

在现代经营模式下，企业可以利用跨境电子商务渠道从规模经济中受益，这有助于降低成本，提升效率和生产力，并增强市场竞争力。来自丹麦、瑞典、爱尔兰、立陶宛和比利时的中小型企业的在线销售额占比最高，达30%以上。同时，跨境电商对于那些受限于小国市场的中小型企业而言尤为重要。然而，到2021年，也仅有9%的欧盟中小企业展开了跨境在线销售。其中，奥地利在跨境电商方面领跑欧盟，已有16%的奥地利企业开通了跨境电商渠道，紧随其后的是比

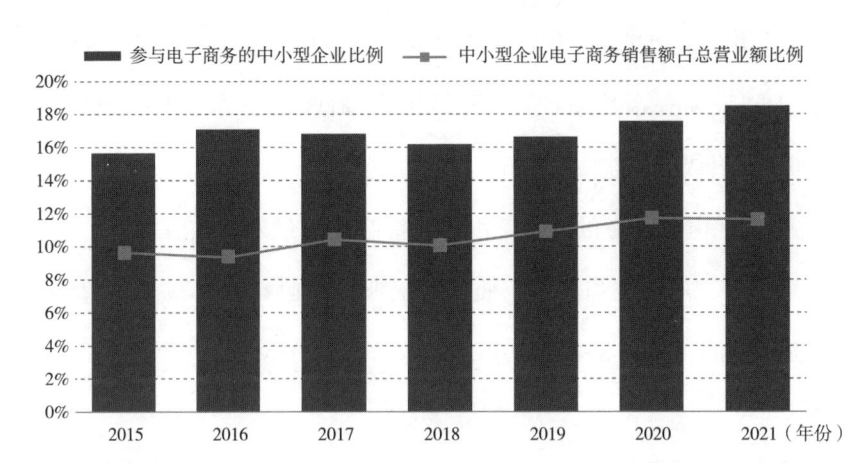

利时、丹麦、马耳他和斯洛文尼亚（占比均高于13%）。

图 8-14　2015—2021年欧盟中小型企业电子商务销售趋势一览

资料来源：Eurostat, European Union survey on ICT usage and e-commerce in enterprises.

四、电子政务

数字技术进步也对政府公共部门提出了新的要求和期望，如何发挥数字技术在政务方面的服务潜力是各国政府所面临的一项关键挑战。高效的电子政务可以带来诸多益处，如提高政府和企业的工作效率、节省开支、提升服务的透明度和开放性等。在过去十年中，尤其是在新冠肺炎疫情发生后，在线公共服务领域处于稳步增长的状态，数字交互逐渐常态化。欧盟的"数字十年"计划要求，到2030年，欧盟企业和公民的所有关键性公共服务必须彻底在线化。如今，部分欧盟成员国在这一方面的表现，已经接近预设目标。然而，成员国之间和个别国家内部的发展却并不均衡。另外，面向普通公民的政务服务相较面向企业的同类服务，更难在数字化方面取得进步。因此，欧盟需要在稳步推进基本数字公共服务（digital public services）的同时，积极利用创新性数字技术寻求对公共服务进行进一步升级的可能性，并继续加大在这一领域的投资力度。

在 DESI 电子政务的衡量基准下，综合表现最好的欧盟国家是爱沙尼亚、芬兰、马耳他和荷兰，而罗马尼亚、希腊、保加利亚和斯洛伐克的得分最低（见图 8-15）。

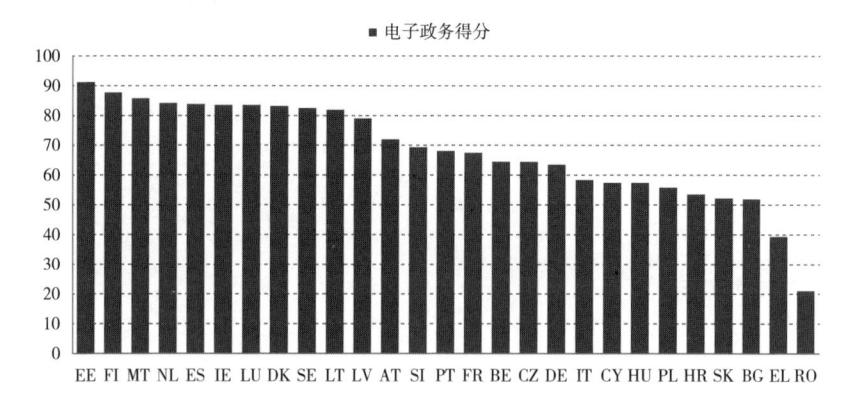

图 8-15 2022 年欧盟国家 DESI 电子政务得分排名一览

资料来源：DESI 2022, European Commission.

（一）电子政务用户

该指标主要衡量在过去 12 个月中，使用互联网与公共当局互动的个人用户在所有互联网用户中的占比率。瑞典、丹麦、芬兰、爱尔兰和荷兰在此项指标上的表现非常出色，超过 90% 的互联网用户（16—

74岁）选择政府门户网站与公共行政部门进行互动。而罗马尼亚、保加利亚和意大利在这项指标下表现垫底，在线互动的比例低于50%。

（二）预填表格

该指标主要衡量公共管理部门利用已获取的数据，主动为普通用户预填政务表格的程度，总分为100。2021年表现最佳的欧盟国家是荷兰、立陶宛、芬兰、爱沙尼亚、马耳他、丹麦和瑞典，得分均在85分以上。然而，国家之间的差距仍旧明显，如塞浦路斯和克罗地亚的得分低于40，而罗马尼亚的得分甚至低于20。

（三）面向普通公民的数字公共服务

该指标主要衡量通过在线形式或通过政府门户网站，为普通公民提供公共服务或相关服务信息的程度，可以量化欧盟公民在办理个人重要事项时（如登记和重新安排健康预约、对法院判决提出上诉等）在线数字公共服务的介入程度。马耳他、卢森堡和爱沙尼亚在这一方面表现最佳，得分均超过90，且共计有11个国家（马耳他、卢森堡、爱沙尼亚、芬兰、拉脱维亚、西班牙、瑞典、荷兰、丹麦、立陶宛和爱尔兰）的得分在80以上。同时，罗马尼亚、希腊、塞浦路斯、波兰和保加利亚的得分则低于60。

（四）面向企业的数字公共服务

该指标主要衡量面向企业的公共服务的互操作性和跨境管理程度，用以评估当企业在开展业务和进行常规业务运营时，政府能在何种程度上为企业提供信息和交易服务，并具备跨境（欧盟境内）可操作性。在具体考核方面，通过政府门户网站为企业提供服务方式的得分较高，而仅在线提供信息但需要通过离线操作的服务选项则得分较低。据统计，共有7个国家（爱尔兰、爱沙尼亚、马耳他、卢森堡、西班牙、立陶宛和芬兰）的得分超过90。同时，罗马尼亚、希腊、克罗地亚和波兰的得分则低于70。

（五）数据开放（open data）

该指标用以衡量政府在数据开放方面的成熟度。数据开放的成熟度主要基于以下四个子指标进行具体考量：

（1）数据开放政策；

（2）数据开放的影响；

（3）国家门户数据网站的发展程度及其设计的精巧程度；

（4）数据开放的质量。

整体数据分析结果表明，欧盟国家在数据开放的转型速度和所设定的优先事项方面存在广泛的差异。数据开放较为落后的国家通常会选择投资建设现代化的国家门户网站，使门户网站成为全国开放可用数据的主要渠道。在数据开放方面表现更为"成熟"的欧盟国家，则倾向于采取略有不同的方法，即专注于提高所发布数据的质量。而那些表现中等的欧盟国家则偏向于全面了解数据开放所带来的影响，以及加强对这种影响的监测和证据捕捉。

共有11个国家（法国、爱尔兰、西班牙、波兰、爱沙尼亚、奥地利、意大利、斯洛文尼亚、荷兰、塞浦路斯和丹麦）在此方面得分超过90，而斯洛伐克、马耳他、比利时和匈牙利的表现则不尽如人意，低于60。

（六）电子身份识别（eID）的应用

电子身份识别泛指以电子形式使用个人身份数据的流程，通常而言，所关联的身份数据应代表具备独一性质的自然人或法人，或代表法人的自然人。根据欧盟成员国所提供的数据，已有超过60%的欧洲公民拥有电子身份证，在27个欧盟成员国中，有25个国家已经至少落实了一个eID体系项目。与此同时，尚未制定eID计划的成员国（塞浦路斯和罗马尼亚）也正在努力将其落实到位。

五、人力资源

数字化转型正在对社会产生全面性的影响，从根本上改变了人们的互动方式和现代工作模式。因此，对数字技能的学习和掌握变得越发重要。如今，大部分工作场景所匹配的数字技能都在进一步地提升标准，企业和机构，国营或私营，都希望员工能够拥有先进的数字技能，以适应更为数字化的工作内容。随着对互联网和数字技术依赖度的不断增加，员工也必须跟上不断变化的技能需求，如果对数字技能的掌握不到位，就无法切实推动创新并保持市场竞争力。在此大背景下，面向普通民众的数字基础技能普及是欧盟实现数字化转型目标的关键所在。欧盟的"数字十年"提案中明确提出，鼓励欧盟和成员国采取实际行动，在2030年以前，让至少80%的欧盟人口具备基本的数字技能（basic digital skills），并将ICT专业技能人员的数量增加至2000万（约占总就业人数的10%），且基本消除性别间数字技能方面的差异。

自2015年以来，欧盟委员会就已经开始采用数字技能指标（Digital Skills Indicator，DSI）来衡量公民的数字技能。DSI是一个综合指标，基于16—74岁的个人用户与互联网或软件使用相关的特定活动信息进行考核。同时，鉴于ICT技术领域的动态发展，欧盟委员会在2020—2021年期间对DSI的统计框架进行了更新，推出了DSI 2.0版本。主要衡量欧洲公民在3个月内，基于5个特定互联网领域的活动概况，包括信息和数据素养、沟通与协作、数字内容创作、安全和实际问题解决。此外，根据每个领域内所进行的活动数量，推算出两个不同级别的数字技能，即"基础数字技能"和"高阶数字技能"（above basic digital skills）。最后，根据个人用户在每个领域的技能水平表现，得出一个整体的数字技能水平。

如今，平均约有54%的欧盟人口已具备基础数字技能，但是，成员国之间的表现存在明显差异。根据所获得的数据，荷兰和芬兰等国在2021年就已经接近"数字十年"计划中所预设的目标，有79%的人口达到了基本数字技能底线。但是，尚有8个欧盟成员国在这一比例上低于50%，其中，罗马尼亚、保加利亚、波兰和意大利的排名最低（见图8-16）。

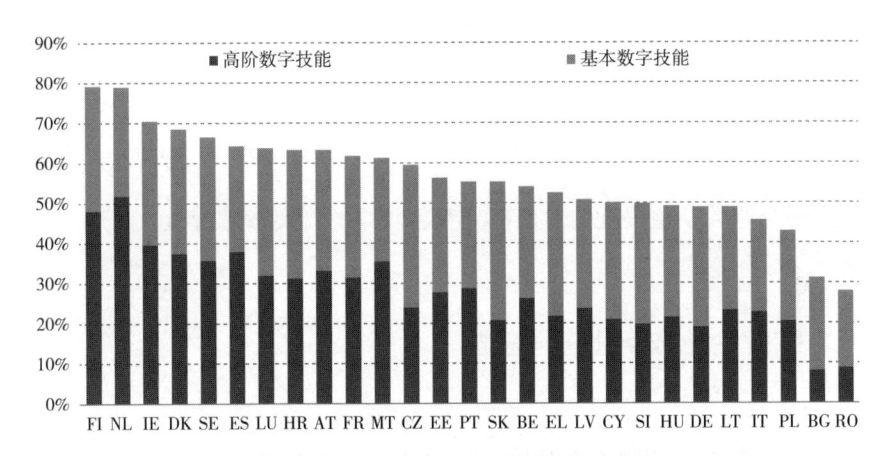

图8-16　2021年欧盟国家拥有基本和高阶数字技能的人口占比一览

资料来源：Eurostat, Community survey on ICT usage in Households and by Individuals

另外，截至2021年，欧盟ICT专业技能人员的就业总数为890万，占欧盟总就业人数的4.5%，离预设的目标（10%）仍有比较明显的差距。瑞典（8%）和芬兰（7.4%）在这一数据维度处于欧盟领先位置，但也离预设目标有着一段距离。按照目前的增长态势，欧盟在2030年很可能无法完成"数字十年"计划在这一领域的部分预设任务，欧盟的数字技能人力资源之路任重道远。

第二节　欧美企业数字化程度对比

2022年5月，欧洲投资银行（European Investment Bank，EIB）在实证调查收集和问卷调查的数据基础上，公布了一份研究报告《2021—2022年欧洲的数字化》（*Digitalisation in Europe 2021-2022*），从多个角度对欧盟国家当前的数字化程度做了阶段性总结。其中，有关欧盟和美国之间企业数字化程度的对比部分有着较高的现实参考价值。

一、欧美企业数字化进程总览

整体而言，欧盟企业的数字化进程稍稍落后于美国。数据显示，58%的受访美国企业在过去几年的新冠肺炎疫情期间已经采取实际措施，转向数字化发展，而同期欧盟企业的这一指标数据只有46%。另外，美国使用先进数字技术的企业比例（66%）也高于欧盟（61%）（见图8-17）。

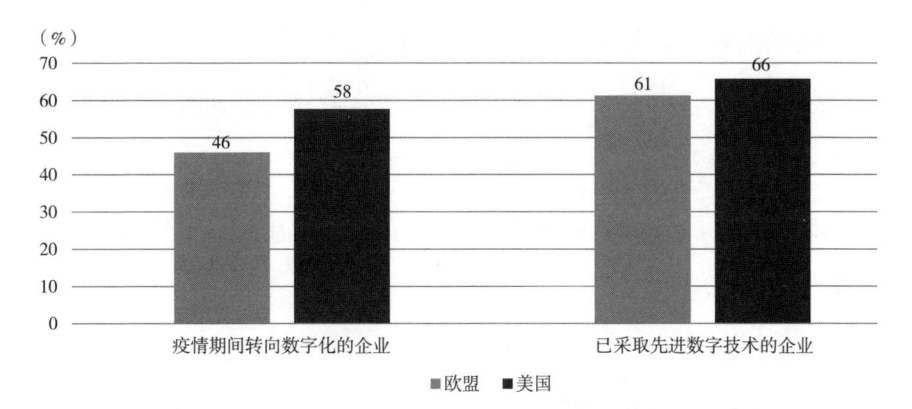

图 8-17 欧美数字化程度整体比较一览

资料来源：EIBIS (2021).

调查结果同时显示，新冠肺炎疫情对全面的数字化进程起到了推动效应，已经从先进数字技术的应用中尝到甜头的企业，更有可能继续追加在数字化转型方面的投资，以减轻经济下行所带来的负面冲击。但是，这一动向也可能会导致不同地区企业之间的数字鸿沟出现逐步扩大的趋势。已经在行业中处于领先地位的企业，正以更快的速度布局数字化转型。而在天平的另一端，本就在数字化竞争中处于下风的中小型企业出于成本的考量和生存的需求，往往缺乏足够的资金和勇气在市场低迷时期进行数字化的大手笔投资。因此，二者之间的差距在客观上被进一步拉大。数据显示，有53%已经采用先进数字技术的欧盟企业在新冠肺炎疫情期间，进一步锁定数字化方向并为之注入额外的资本。相比之下，只有34%的未数字化欧盟企业，由于疫情期间市场下行的压力和数字消费的刚需，才开始被动地对数字化转型展开初期投资。在大洋彼岸,美国也同样出现了不断扩大的数字鸿沟现象,但与欧盟相比,未数字化的美国企业在这一方面表现出了更多的主动性,有占比达48%的此类型企业将危机视为投资数字技术的开局机遇。而在已经采用先进数字技术的美国企业中,这一比例进一步提升至64%。

二、企业数字化程度的区间划分

为了更详细地考量欧美企业数字化的不同进程,我们对所有的受访企业提出了两个有关数字化的基础性问题:1. 企业是否因为新冠肺炎疫情而变得更加数字化? 2. 企业是否已经开始采用先进的数字技术?依据所收集的答复,划定了4种不同程度的数字化区间(二者均无、基础、进阶和二者均有),从而确定企业在数字鸿沟中所处的具体位置。分区示意见表8-1。

表8-1 企业数字化区间分档一览

企业是否因为新冠肺炎疫情而变得更加数字化?	是	基础	二者均有
	否	二者均无	进阶
		否	是
		企业是否已经开始采用先进的数字技术?	

三、区间化后的欧美企业对比

调查结果显示,尽管新冠肺炎疫情对欧洲的经济产生了重大冲击,但相当一部分欧盟企业(26%)仍未在数字化方面有任何明显动作。因此,它们被归类于"二者均无"的不利区间,处于数字鸿沟的底部。在数字化浪潮下,此类企业的犹豫和踌躇不前令人担忧,这不仅拖慢了市场整体的数字化进程,并很有可能在主流企业均积极利用数字渠道进行自我复苏的大背景下,对这些企业的未来市场竞争力产生严重的负面影响,它们甚至会遭到无情的淘汰。为了帮扶此类企业尽快转向数字化轨道,政府需要出台更强有力或更具体的对口政策以扭转局面。相比之下,美国只有18%的企业被归属于同一区间,表现略优于欧盟。

令人欣慰的是,所获得的数据同时也传递出许多较为正面的信息。例如,已经有相当数量的企业在新冠肺炎疫情期间,正式开启了数字化之旅。虽然这些企业还未能在其实际的业务运作中采用任何先进的数字技术,但它们至少已经付诸行动,通过提高在线服务的频次等一些基础性措施,逐步朝数字化的方向靠拢。因此,此类企业被归类于"基础"区间,美国企业在这一区间的数据占比为17%,欧盟则为13%。

与此同时,有高达61%的欧盟企业已经采用了先进的数字技术。但其中部分企业由于未能在疫情期间进一步提升数字化程度,因此被暂时归类于"进阶"区间。最后,数字化的领跑者被归类于"二者均有"区间,它们占据了数字化竞争中最有利的态势,因为此类企业不仅采了先进的数字技术,而且在疫情期间不断追加投资,进一步提升了企业的数字化水平,全盘接受了数字化转型。数据显示,有42%的美国企业被成功归类于该区间,而欧盟的这一比例稍低,为33%。

四、行业和科技的对比

经过数据下沉,我们可以发现欧美在不同行业间也存在较为明显的数字化差异。欧盟和美国之间数字化进程的差异在建筑行业尤为明显。数据显示,欧盟建筑企业落入"二者均无"不利区间的比例高达43%,而美国同行这一比例仅有17%。同时,有35%的美国建筑企业进入了"二者均有"的优势区间,而欧盟的同期数据则低至17%。此外,在位于数字鸿沟底部的"二者均无"区间,欧美之间制造业的差额为9个百分点,服务业为8个百分点,同时在基建行业也有3%的差距。而在评级最高的"二者均有"区间,欧美基建行业的差额达到18个百分点,制造业为11个百分点,相比之下,服务行业的差距最小,仅为1%。数据对比详见图8-18。

除此之外,欧美之间在具体若干项数字科技的采用率方面也存在较大的差距。经整理数据后发现,IoT(物联网)技术的使用比例差异在欧美间最为明显,平均有29%的欧盟企业已经启用该项技术,而美国企业的这一比例高达47%。与此同时,美国企业(50%)在无人机技术的使用方面与欧盟(23%)相比也有较大的领先优势。而欧盟在机器人技术（48%对43%）和平台整合技术（48%对38%）方面，仍稍稍领先于美国。在纳入本次调研的其他项数字技术上，如大数据、3D打印和AR/VR等，欧美企业的数据表现大致持平。

欧盟行业间数字化程度一览

行业	二者均无	基础	进阶	二者均有
制造业	23%	12%	33%	33%
建筑业	43%	15%	24%	17%
服务业	29%	16%	21%	33%
基建行业	21%	12%	31%	36%

美国行业间数字化程度一览

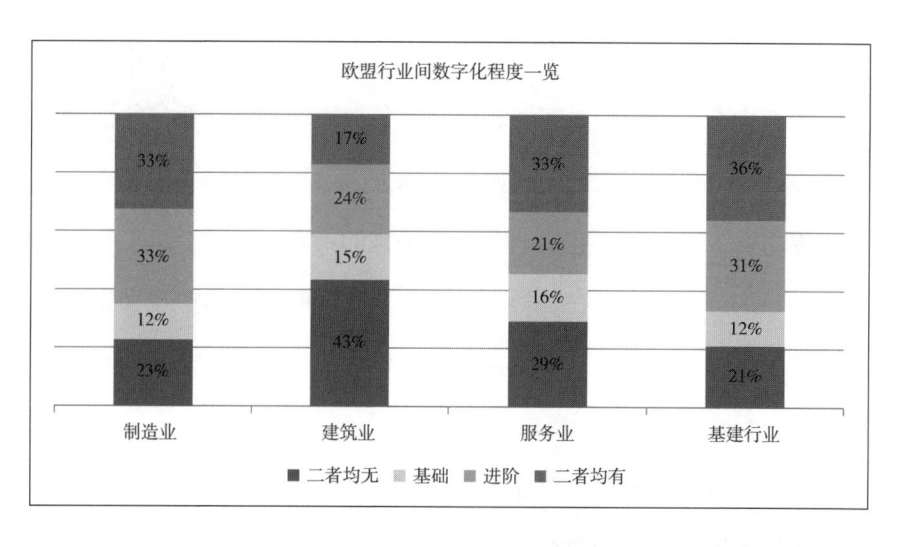

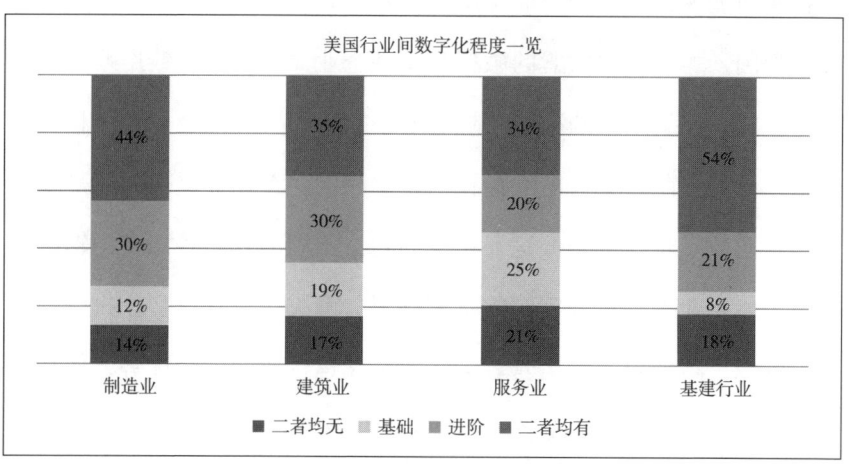

行业	二者均无	基础	进阶	二者均有
制造业	14%	12%	30%	44%
建筑业	17%	19%	30%	35%
服务业	21%	25%	20%	34%
基建行业	18%	8%	21%	54%

图 8-18　欧美行业间数字化程度对比图

五、政策的启示

基于数据分析不难发现,企业的规模和企业在数字鸿沟中所处的区间位置,这二者之间存在关键性的联系。较大规模的企业更有可能处于较为"数字化"的一侧,有相当大一部分的上规模企业成功跻身于"两者均有"的最佳区间。相比之下,规模较小的企业往往困于数字鸿沟(或"非数字化")一侧。实际上,由于欧盟的中小型企业相较美国而言更加普遍,它们缺乏对数字化的投资,将更有可能给欧盟的数字经济活力带来潜在的短板效应。与此同时,美国中小型企业的平均数字化程度更高,这种日益拉大的国际差异可能会是整个欧洲数字化转型所面临的主要困境之一。

因此,欧洲的施政者对此类潜在的不利因素不能坐视不管。数据很直接地表明,欧盟的企业位于"二者均无"不利区间的总数据占比高于美国,尤其是对欧盟的微型和小型企业而言,这一数据差更加惊人。因此,如果欧盟的决策层想要缩小欧盟和美国在企业数字科技采用率方面的差距,填补已经存在的数字鸿沟,首先要重视的就是欧盟中小企业数字化程度偏低这一主要问题。欧洲的管理者需要为辖区内的中小型企业提供量身定制的政策倾斜,解决企业在数字化投融资方面的困境,帮助企业的运营者了解数字化运营所带来的优势,使企业迅速转变思维,加速对数字化的投资并引进数字技术。

后疫情时代,数字化程度和数字技术的普及性对任何实体获取市场的认可都至关重要，数字要素不再是创新型企业的专利，而成为整个社会数字化转型过程中所不可避免的关键一步。相较于数字化程度较低的企业，已经完成数字化升级的企业在市场上升期间，能够开启更多与用户和市场互动的渠道，而在面临经济周期调整时，也能拥有更坚韧的商业弹性去维持市场份额。总体而言，在当前的数字化趋势下，数字型企业的综合表现往往优于非数字型企业，它们的生产效率更高，成长速度更快，吸引的投资数量更多，更具创新性，且能给员工带来更多的福利。

但客观数据显示，随着数字化进程的推进，欧洲地区的数字鸿沟也正在不断扩大，不少国家开始感受到数字困境所带来的压力。由于数字化转型对数字基建有一定的要求，一些欧盟的企业，尤其是来自经济较落后地区的企业，因为缺乏数字基建的支撑，在本轮的数字化竞争中处于下风。与此同时，一部分欧洲国家的数字化进程严重倾斜于某些特定发展方向，出现了片面数字化发展的失衡局面，在国际竞争中造成了市场主体战略的被动。

为了摆脱此种数字困境，整个欧盟都需要对数字基础设施市场进行大量且持续的投资，搭建以数字化为主导的长期的欧洲经济复苏框架。同时，积极建设面向数字化的友好生态系统，出台更多能够解决资金和数字技能差距的扶持性政策。对数字化转型的投资也将有助于拉动相关产业的协同发展，确保欧洲在未来更加数字化的新环境中维持竞争力。

第八章

数字化和绿色化双转型

"数字化转型"和"绿色化转型"是当前数字经济发展中充满活力的两大核心内容，二者紧密关联，共同决定了未来社会发展的主流方向。其中，数字化转型将技术与商业模式有机融合，彻底颠覆了传统市场竞争方式，为政府和私营行业在互联网维度创造了巨大的民用和商用价值。绿色发展则强调低碳、高效利用资源和追求社会包容性的发展模式，通过可持续发展，在最大限度上为未来世代的地球居民保留优质的生存空间和生产环境。为此，国际组织、多国政府和具备全球影响力的大型商业机构已经开始针对数字绿色发展进行专题研究，并公布了一系列政策和实践上的建议方案。这里择取其中数篇发布于2022年且较具代表性的主题报告和会议纪要，从公共政策和实际市场商业操作两个角度，阐述数字绿色发展的关键概念和具体行动要旨。

第一节　欧盟双转型的战略要点、关键技术和政策建议

欧盟从 2020 年起，每年围绕一个特定战略主题进行定向研究并发布年度战略前瞻报告，以结构化和系统化的方式将集体研究的成果嵌入欧盟委员会的决策流程。报告内容涵盖了影响欧盟未来发展的多种战略考量，并对全球重大政治经济趋势、风险、新事物及其所带来的潜在影响和机遇做出综合分析，为欧盟的未来战略规划、立法和政策制定提供研究和理解基础，确保欧盟的短期行动目标和长期利益诉求互相匹配。可以说，欧盟的战略前瞻报告是面向欧盟的战略制定核心所定制的，紧紧契合欧盟的未来发展趋势，有着较高的学术和战略研究价值。

2020 年，其报告主题聚焦新冠肺炎疫情，阐释如何在疫情流行中汲取教训，从根本上增强欧洲适应时代快速变化的发展弹性。2021 年，该报告就 2050 年之前影响欧盟发展走向的若干重要趋势，提出了包括气候变化和全球秩序转型等在内的一系列前瞻性观点。

2022 年 6 月 29 日，在欧盟联合研究中心（Joint Research Centre，JRC）的研究报告《面向更为绿色和科技的未来》（*Towards a Green and Digital Future*）的基础之上，欧盟委员会正式发布了 2022 年度的战略前瞻报告——《在新的地缘政治背景下实现绿色化和数字化的双转型》（*Twinning the Green and Digital Transitions in the New*

Geopolitical Context）。这两份报告所面向的主题方向基本一致，共同分析研讨了在俄乌冲突持续、原油价格飞涨、国际通货膨胀压力增加等复杂多变的国际局势下，如何结合欧盟本身的长期发展目标，利用数字化技术实现可持续发展的双赢局面，并针对一些关键领域的数字绿色化转型发展提出了具体规划和政策建议。

一、绿色化转型和数字化转型的定义和目标

绿色化转型和数字化转型是关乎欧盟未来发展的两个主要趋势，两者均处于欧盟政策议程的核心位置。"双转型"的概念不仅分别指绿色化和数字化这两个同时发生的转型趋势，还强调二者的互相结合，共同加速必要的社会变革，推动社会向转型临界点不断发展。

（一）绿色化转型

人类社会发展的代价之一是在过去数百年间对自然环境严重的人为破坏。为了减轻环保压力，规避可能的气候灾难，唯一的出路在于向可持续的发展方式和生活方式进行迅速且具包容性的转型。绿色化转型是指在生产和消费模式方面的根本性转变，使人类社会的发展轨迹和地球环境的自然规律重新合轨，包括倡导气候友好型的生活方式、维持生物的多样性及重新衡量环境成本等方案来缓解气候的恶化

趋势，恢复对维护人类健康至关重要的多维生态系统。此外，成功的绿色化转型还必须具备公平性和包容性的特征。

另一方面，绿色化转型也是释放经济效益和社会效益的新机遇所在，绿色技术的进步和应用有助于营造发展经济和保护环境的双赢局面。同时，绿色化转型也为修复当前因非可持续发展方式造成的社会公平性缺失问题提供了可能，创建了一种获取经济活动竞争优势的新途径。

（二）数字化转型

数字化转型并非一朝一夕之功，而是一个长期持续的过程，目的在于借助数字化技术重塑社会和经济的未来。数字化转型所带来的效益能够进一步促进人类社会的繁荣并解决诸多社会挑战。但同时，日益提升的数字化程度却也带来了许多额外的风险，如社会混乱和意见的两极分化、安全风险、错误和虚假信息风险等。在当下，欧盟对非源自欧洲的技术和服务供应商以及数家大型科技企业存在过度依赖现象，与此同时欧盟所产生的大部分数据都分散在全球各地进行存储和处理，这既带来了安全风险，也可能造成欧洲数据价值的流失。

为了获取数字化转型的成功，欧盟需要建立一个安全、值得信赖和富有弹性的数字基础设施网络，建设高质量的数字教培生态系统，以便欧盟公民为数字时代做好充分准备。此外，数字化转型还需要相应的政策支撑和配合，从而在利用技术优势的同时，减少技术变革所带来的负面效应，在全球范围内保证竞争优势。欧盟委员会为此提出了一系列旨在利用数字化转型优势的整体战略，以期确立欧盟在数字时代的全球领先地位。

二、绿色化转型和数字化转型之间的关系

首先，数字技术可以在实现气候中和（climate neutrality）、减少污染和恢复生物多样性等方面发挥关键作用。通过精确测量以及自动化操作，机器人和物联网等技术可以有效提高资源的利用效率并增强生产网络的灵活性。基于区块链的节能数据管理可以贯穿产品和服务的整个生命周期和价值链流程，促进经济循环并增强可持续性发展能力。数字产品护照（digital product passport）则可增强材料和组件端到端的可溯性，放大数据的获取程度，有助于建立可行的循环商业模式。数字技术还可以监测、报告和验证温室气体的排放，进而实现碳定价。除此之外，数字映射（digital twin）技术还可以在促进创新和设计方面，提供可持续性更高的模拟操作流程，而量子计算则让极端繁杂的模拟功能步入现实。同时，数据共享或游戏趣化的数据设置对增加公众在引导创新和共同创造方面的参与度也极有助益。

其次，向绿色化转型也将赋予数字行业巨大的助力效应。可再生、核能和核聚变等新能源技术，在数字领域能源需求不断增长的背

景下，都将发挥更加重要的作用。到 2030 年，欧盟通过制定旨在实现气候中和，以及提升数据中心和云基础设施能源消耗效率的一系列政策，将支持实现包括大数据分析、区块链和物联网等在内的数据技术的全面绿色化。同时，更完善的区位规划和相关技术的应用能够二次利用大型数据中心所排放的热量，可持续金融模式则有助于提升对数字领域中涉及气候中性方面的投资活跃度，而更循环的商业模式和制造模式也可以帮助减少整个社会的电子浪费现象。

但同时也应注意到，如果不对数字技术的发展提出节能要求，那么它们的广泛使用有可能反而会导致能源消耗的增加。目前，ICT 消耗了全球约 5%—9% 的用电量，同时产生了约 3% 的温室气体排放量。数字化对环境所造成的影响和可能的反弹效应，也缺乏统一的衡量和预估标准。研究表明，由于数字消费设备生产和使用量的不断增长，网络、数据中心和加密资产需求的不断拉升，全球关联 ICT 技术的功耗将持续增加。与此同时，在线平台、搜索引擎、虚拟现实以及流媒体平台的流量攀升，也推动了能源消耗的不断上涨。

放眼未来，数字技术与环境的对立紧张局势有可能会进一步显现。对手机和计算机等电子设备的严重依赖正在加速全球电子废物的产生，电子废物的产量到 2030 年可能会达到 7 500 万吨之巨。在欧盟辖区内，目前只有 17.4% 的电子废物得到适当的处理和回收，但电子废物的产量仍然在以每年 250 万吨的速度增加。如果缺乏适当的政策引导，那么每次新标准或新技术的转换都需要大量地更换相应设备。

例如，5G/6G 网络技术都要求用户必须更新设备才能充分享受新技术的福利，这一过程反而人为加速了电子废物的产生过程。此外，数字化程度的提高也将进一步增加用水量，以满足数据中心或芯片制造过程中的冷却要求，而数字转型所需的原材料开采和加工则引发了更多的环境和道德问题。最后，气候和环境风险反过来也会影响关键数字基础设施的使用寿命和功能。据预测，未来 30 年内，欧盟因极端天气事件所造成的损失成本可能会上升 60%。

三、绿色化转型的关键领域和数字技术

能源、交通、工业、建筑和农业是欧盟温室气体最大的排放源头。因此，通过技术革新和政策支持，针对性地减少上述几大部门所产生的负面环境影响，对实现欧盟绿色化和数字化的双转型至关重要。

（一）能源数字化

俄乌局势对国际能源市场的影响，凸显了清洁能源转型在新型国际地缘政治背景下的重要性，欧盟必须联合起来搭建一个更具弹性的能源系统并创建真正意义上的能源联盟。从中期发展的时间点来看，一个主要基于清洁能源生产、多样化能源供应、提高所有部门能源节

约和使用效率的欧盟一体化能源体系，是减轻欧盟对化石燃料依赖的最具成本效益的解决方案。

此外，数字化还可以起到强化欧盟能源安全保障的作用。数字技术能支持更有效的能源载体流动并增加不同区域市场之间的互联互通效应，在数字化的条件下，以更细分的水平和接近实时的方式匹配能源供需。数字技术、新型传感器、卫星数据和区块链技术的综合应用，能提供更为精准的能源生产和需求预估，使智能电网根据不同的天气条件调整能源的生产和消耗，并使可再生能源的有效管理和分配成为可能，在防止能源供应中断的同时，促进能源的跨境交换。同时，数字化也将改变能源供应商和用户之间的传统单向关系，引导消费者和企业转向绿色能源消费，赋予他们调整能源消费甚至参与能源交易的可能性。此外，为了增强抵御多种外来威胁的能力，未来欧盟能源系统的数字化将需要强大的网络安全能力和安全自主的通信系统与之相匹配，如天基链接技术等。

（二）数字绿色交通

伴随人口的增长和生活水平的提高，交通的需求量将持续增长。据预测，全球客运量在 2015 至 2050 年期间可能会出现近三倍的增长。尽管各国政府已经开始通过各种手段尽量引导交通流量转移至铁路或其他出行方式，但到 2050 年，欧盟的公路客运量预计仍将增长 21% 左右，而货运量将增长45%。城市化进程、消费者环保意识的提高、可持续交通成本的不断变化以及新的交通商业模式，都将左右未来交通行业的发展。同时，数字化要素也不可或缺，它能进一步加速多种工作场所和工作模式的线上线下融合，使劳动力的本地和跨境流动发生重要变化。

电池技术是数字化交通领域的亮点所在。结合数字技术的次世代电池的更广泛应用，将促使交通行业朝可持续发展方向迈出重要一步，各种运输方式，包括客运、货运、重卡或航空，都将受益于高新电池技术带来的革新性改变。例如，整个欧盟的小型区域机场之间可能都会通过电动飞机进行短距离的常态化连接。此外，数字化技术与空基服务的结合，还可以为互联和自动化驾驶的船舶和车辆提供可靠的管理解决方案，在提高交通管理效率的同时，也能降低燃料的消耗。除了关注电动汽车的能源效率之外，凡涉及交通运输和电力的供需关系方面，无论是交通工具的直接电气化，或是为航空和水运等难以脱碳的行业大规模生产可再生和低碳燃料，均要求同步进行数字化的升级换代。此外，为了达成普及推广的目标并避免对某些大型主导参与者的过分依赖，数字交通行业也需要建立多样化的合作关系，并就行业通用标准、基础设施和平台的治理框架等话题达成一致意见。

数字化和人工智能技术还能够将所有模式整合在一个可实现多向操作的平台中，提供更为高效的多模式移动解决方案，从而提高交通尤其是公共交通的运行效率，改善消费者选择，提升服务的可及性和可负担性，进一步催化共享交通的升级。数字技术同时也是确保互联交通营运模式服务普及至偏远和农村地区的关键所在，让所有用户和企业都能够获得交通出行的普惠选择权。此外，基于数字和人工智能的一系列新技术产品和解决方案，如无人机服务等，也能够为物流和医疗援助等行业提供广泛的应用和服务革新，而这要求不同运营商和平台之间进一步拓宽交流和提升互操作性，以及保持不间断的网络互联性。为了打造数字交通体系，数据也是另一关键所在。广泛的移动数据访问和收集将有助于政府部门更高效地监控和规划交通活动，管理基础设施和服务，并以更低的成本和更环保的方式对供需两端进行匹配。

（三）通过数字技术实现工业的碳中和

为了达成2050年碳中和的目标，欧盟的工业需要在2030年之前，将其二氧化碳的排放量在2015年的基础上进一步减少23%。从全球视角而言，工业是全球最终能源消耗的大户，占用了全部消耗总量的37%，并产生了约20%的温室气体总排放量。钢铁、水泥、化工、纸浆和造纸是排名前四的能源密集型行业，占全球工业二氧化碳排放总量的70%左右，上述四大行业同时也是欧盟最大的工业能源消耗源头。

因此，数字技术能在管理系统性大型工业用户的能源消耗和供需关系方面扮演非常重要的角色。例如，智能电表可以提供有关工业消耗的实时数据信息,并将其反馈至能源管理中心来提高能源利用的效率。大数据监督分析和数据采集系统将有效加速工业流程,提升利用流程数据的效率,从而有助于实现质量更佳的企业运营决策。而数字映射技术则能在改进系统设计、新产品测试、预防性维护、评估产品生命周期以及最佳材料筛选等方面起到独特的效用。数据驱动的优化则将有助于升级现有材料,开发更为环保的替代材料并延长产品使用寿命。同时,数字技术及其他先进技术同制造业的二次整合,如机器人或3D/4D打印,也将在工业的绿色化方面发挥重要作用。为了确保数字解决方案在工业部门的普及,欧盟需要更高水平的技术储备和网络安全保障,以维持工业流程数据及其功能的安全性和完整性。

(四)建筑业的绿色化和数字化

全球人口数量的递增和城市化进程的加速将持续推动建筑市场的需求上升。到2060年,不断增长的城市人口将使全球建筑存量规模翻一番。在欧盟,居住在城市或半城市地区的人口数量,到2050年可能将占欧盟总人口数量的80%以上。与此同时,小户型家庭的数量也呈增长态势,而这通常意味着更多的人均能源消费。上述人口和建筑的供需趋势,外加远程教育和就业形态的推广以及智能生活数字设备的广泛使用,都将进一步加剧建筑物的能源消耗。目前,建筑业的相关能源消耗占据了欧盟能源消耗总量的40%,而75%的现有建筑在能效表现方面甚至远未达标。

为了向零污染的目标靠近并尽早实现碳中和，在2030年之前，欧盟的所有新建建筑都需要达到零排放的标准，同时对1/5的现有建筑在能耗方面进行提升改造。例如，使用热泵等可持续能源供暖以替代化石燃料，减少过度用水产生的碳足迹，提高建筑物整体能耗表现等。同时，还需确保绿色建筑科技的普惠性，使所有用户都能以相对公平的成本获得相应的绿色能耗解决方案。这一系列努力，都将有助于欧盟实现2030年前对3 500万座建筑进行节能翻新的目标。

另外，数据匿名技术和智能电器的社会面普及，以及进一步加强的消费者环保意识使得有针对性的建筑翻新投资成为可能，数字日志（digital logbook）和使用周期分析方法的应用使得评估、报告、存储和跟踪建筑物的全生命周期排放信息成为可能，并将有助于减少不良建筑材料对环境的负面影响，剔除毒性材料的使用。此外，数字映射技术还可以大幅度改善城市空间的规划、监控和管理方式，减少城市的综合排放，提高建筑空间的利用率和居民生活质量，并增强建筑物面对极端事件时的防御能力。

（五）更加智能和绿色的新农业

不断加剧的气候和环境危机，人口结构的变化和地缘政治的不稳定性，都对欧盟农业的发展及其可持续能力提出了新的要求。如果不在政策方面采取相应行动，那么到 2050 年，全球农业的排放量可能会增加 15%—20%，且全球目前适合种植和畜牧的土地面积将缩减 10%，现有的地球生物圈、水 / 土壤环境，以及生物的多样性都将面临严峻的考验。在新的地缘政治背景下，欧盟必须减少对饲料、化肥和其他农业投入品的进口依赖，解决低收入伙伴国家的粮食安全问题，同时保证此举不会对欧盟现有的农业生产力或粮食保障带来负面影响。

如果部署得当，数字技术可以实现智能和绿色农业的双发展。原位数字传感器的大规模应用和欧盟空间技术的结合，可以有效控制农业用水，减少杀虫剂和化肥的使用，并降低能源消耗，这也将给人类和动物的健康带来多重益处。来自卫星、传感器、区块链和价值链上的大数据信息能有效提高整条农业产业链的可追溯性和透明度，而数字映射技术也将基于数据来进行农产品多样化的管理，并利用生物的功能多样性来重新设计灭虫控虫方式。此外，数字平台的整合功能可以促进本地农产品的生产和分销，缩短消费路径，并减少食物浪费。开放的农业数字平台为安全和可信的数据共享和数字服务（精准农业）提供了基础，开发更为高效的供需市场。为了实现上述目标，欧盟需要进一步降低相关技术和设备的安装及维护成本，同时保证在边远和广大农村地区的互联网连接性。与此同时，为标准化流程开发的数字解决方案也需要提供灵活的组合应用方式，以支持更加多样化的现代农业模式。

第二节　欧盟双转型的十项策略建议

随着全球地缘政治形势的迅速演变，国际局势的紧张进一步加剧，因此欧盟需要在 2050 年之前通过适当的政策调整来创造更多的发展机遇，并尽量控制绿色化转型和数字化转型二者之间所可能产生的潜在排斥风险。

一、在关键领域增强发展弹性，把握开放的战略自主权

在能源领域，首先要加大对绿色能源的扶持力度，减轻对化石类燃料的依赖，并在过渡时期逐步实现能源供应来源的多样化。同时，为当前和未来的新能源（如氢能源）提供一套开发和储存的解决方案。其次，在确保尊重互惠和公平竞争环境的前提下，以开放的态度促进和双转型息息相关的创新和技术的国际合作。营造一个有利的宏观政策环境，促进欧盟 B2B/B2C 数字平台的发展和跨工业生态系统的战略合作，加强欧盟在国际层面的技术竞争力，并鼓励更多的欧盟创新者去开拓在关键领域的新市场空间。此外，基于对科技战略依赖风险的考量，欧盟关键技术监测站（EU Observatory of Critical Technologies）所发挥的功能和定期的审查机制将变得格外重要。同时，欧盟的贸易、海关、竞争和国家援助等政策领域也需要保持及时更新状态，

以应对来自双转型、因他国地区市场的发展及地缘政治紧张局势所引起的多种挑战。这将有助于欧盟将来自第三国的不可持续产品和工艺拒之门外，并同时对因为技术筛选而造成的短期成本上升起缓冲作用。同样，保障欧盟的粮食安全并增强欧盟粮食系统在面对突发事件时的恢复能力，都将有助于欧盟在新的地缘政治背景下牢牢把握欧洲的开放战略自主权。

二、在全球范围内推动双转型

欧盟应优先考虑推行以规则为基础的多边主义和以价值观为基础的国际合作，与有共同诉求的国际伙伴进行积极的合作研究和创新，这将推动双转型技术的进步并有助于解决数字化所引发的相关问题。欧盟应将双转型的成本和收益分析明确地告知伙伴国家，增进以绿色化和数字化为主题的国际交流，利用监管和标准化的力量，在全球范围内推广欧盟主导的价值观。此外，欧盟在限制排放交易、污染定价、加速脱碳和支持弱势群体方面所积累的成功经验可能会激励其他国家进行效仿，因此，欧盟应主动寻求与他国，尤其是邻近国及非洲国家建立互惠互利的战略伙伴关系，在公平贸易和投资的基础上，为涉及双转型的项目提供财政支持。

三、加强经济的防御能力并保持竞争力

提升源自欧盟境内的关键商品供应能力，使价值链的供应来源多样化，减少欧盟现有和潜在的对外战略依赖。这一点在关键原材料领域的重要性尤其值得关注，需采取长期和系统性的应对方法化解潜在风险。欧盟应增强其监测全球商品市场的能力，以预测和缓解供应链中断的风险，并在适当的情况下通过加强自身储备和联合多国采购等方法，提前为下一次可能的供应中断做好准备。为了确保重要资源的采购，欧盟需要优先与矿产资源丰富的国家和地区建立良好的战略伙伴关系，同时持续建设欧盟境内的开采和加工项目，支持和加速高价值的欧洲战略项目的开发，并辅以高质量的环保标准和工作程序。为实现上述目标，欧盟必须加大针对创新和循环经济过渡的投资，积极发展现代矿业，创建可再生原材料（secondary raw material）市场，以期让更持久的产品周期和更高质量的产品回收策略在2035年后帮助欧盟降低在初级资源采购方面的依赖度。同时，欧盟还需要努力推行最高可持续性标准和创新，最大限度地减轻原材料价值链对环境的危害，并推动贸易和投资协议的升级以吸引更多锚定原材料价值链资产的投资。

四、增强转型过程中的社会和经济凝聚力

处于双转型过程中的员工、企业、行业和地区，都需要量身定制

的政策支持和激励措施，来帮助他们完成转型任务，其中，社会面的沟通，创造优质就业的投资项目，积极培育公共就业服务，工会、行业和教育机构之间的合作关系正是关键所在。同时，需要加强社会保护和福利机制，有针对性地帮助中低收入社区和家庭消除贫困，设置职业救助设施和劳动力辅助政策，帮助就业市场吸收双转型所带来的冲击。在凝聚力政策的加持下，区域发展和投资战略应成为双转型的基础支撑点，同时兼顾减少不同区域间在经济、社会、环保和技术发展方面的差距，确保所有的欧盟公民和企业都能从双转型中受益。

五、更新教育和培训体系以适应新的社会经济现实

欲实现这一子目标，既需要让就业人口学习新的技能以适应快速变化的科技水平和劳动力市场，也需要让社会层面广泛具备基础绿色技能和环保意识，从而在绿色化转型过程中持续创造价值。同时，为了确保双转型达到面向所有欧盟人口的普惠性，在一个过渡性质的管理框架内，大幅增加与双转型相关的社会性支出（如教育和终身学习）也必不可少。此外，还应鼓励跨部门的劳动力流动和有针对性的合法移民计划。提高公民和企业的广泛参与度，确保教培体系的可负担性。

六、引导额外的投资支持双转型

为了增强欧盟的发展弹性并促进双转型进程，有必要对目前欧盟和成员国层面的投资制度缺陷进行针对性的改革。相关宏观经济部门和立法者需密切协调，进一步引导投资焦点转向长期性项目和可持续性资产。欧盟需要搭建一个支撑框架，吸引高质量的私人和公共长期投资来共同协助进行双转型，尤其是在围绕关键技术的研发、人力资本和基础设施之间的吸收和协同作用方面。同时，促进金融业的可持续发展，进一步增强欧盟金融市场的稳健性，降低潜在的金融稳定风险，维持金融市场的深度和流动性。此外，未来的公共和私人采购应重点关注可持续数字技术领域，政府应考虑为可持续生产和消费模式提供财政补贴，充分调动私营企业面向双转型的创投积极性。而财政和税收政策也需要为适应双转型做出调整，帮助转型企业和项目缩减不必要的开支，并为企业、用户和消费者提供正确的市场价格引导和相关激励措施。

七、稳健可靠的衡量监测框架

为了让欧盟在公平性、环境可持续性、经济的稳定性和生产力的高效性这四个维度上形成可持续竞争力，前瞻性的综合政策设计是不可或缺的要素之一。我们需要在欧盟层面搭建一个面向未来数代人设计的综合框架，对双转型所带来的除了 GDP 数据之外的全面社会影响进行量化、衡量和监测，包括温室气体排放、能源使用足迹、矿物的开采等诸多方面。基于此方法所获得的准确和可靠的数据信息可以为用户、企业和政府当局的决策流程提供高质量的实证参考。与此同时，监测数据的反馈还可以帮助欧盟对现行政策效果做出评估，并决定是否需要在下一阶段采取额外的辅助措施。

八、以欧盟单一市场为核心的灵活监管框架

为了促进欧盟单一市场概念的继续发展并朝双转型方向迈进，欧盟需要对现有的监管框架做出更新，从而起到鼓励创新、促进市场循环、提升工业生态系统并确保多样性的市场参与等多重效果。同时，还应该系统性地去除行政障碍，促进与双转型相关的项目和基础设施的开发。而数字资产的日益普及则要求欧盟升级现有的知识产权管理模式，进一步地与数字解决方案相融合。此外，还应考虑对一系列的监管政策做出调整，提高针对消费者的保护力度，让整个社会面都参与有关双转型优缺点的讨论，在决策流程中更多地利用数字技术优势，并进一步探索使用人工智能来支持公民参与政策的制定流程等。

九、制定标准是关键

基于欧盟"减浪费、可修复、可回收和再利用"（reduce, repair,

recycle and reuse）原则的产品设计，应成为主流理念加以推广。为了确保欧盟市场实体商品的可持续性，所有的行业都必须制定相关的标准，与这一目标进行匹配，以扭转过度消费和监管过时的不利局面。在国际范围内，欧盟必须采取行动，在制定全球通行格式的国际标准方面掌握战略主动权，所制定的国际标准需涵盖产品的可跟踪性和可追溯性条款，例如，创建电池的全球标准需考虑使用数字护照技术来跟踪其组件的环保足迹。同时，应用统一的使用标准也能确保在双转型过程中对技术和基础设施的双向可操作性，使欧盟的国际合作伙伴也能够在实施过程中进行资源的整合。

十、更强大的网络安全和数据共享架构

欧盟需要增强不同所有者、生成者和数据用户之间的互联互通性，提升国家和地方信息系统之间的可沟通性，促进包括公共当局、企业、民间社会和研究人员在内的不同参与者的数据共享程度。构建一个更安全的数据共享框架，能够清晰地界定涉及数据传输的责任和所有权归属问题，维护个人和企业的数据安全，同时还将有助于建立对双转型相关技术的信任和接受度。与此同时，制定一套产品和服务的网络安全基准，将技术要求、标准和程序制度化。此外，在欧盟层面制定一个应对多种风险危害的应急预案框架，提高关键实体和基础设施的运营弹性，以帮助欧盟成员国的关键设施增强预防、抵抗和尽

快从灾害中恢复的能力。但同时，网络安全技术不应被贴上昂贵的标签，增加技术的可负担性也将是普及要点之一。

第三节　企业实现绿色效益发展的六大要素

2022年7月26日，麦肯锡发布了研究报告《如何解读绿色发展？》，就B2B型企业如何在数字背景下，利用绿色发展的机遇进行积极转型和拓展商业机遇提出了具体行动建议，对有志于数字绿色转型发展的现代企业领导团队具有较高的启发价值和现实意义。

一、概述

可持续发展正在替代"自由发展"成为未来企业发展战略的主流路线，同时也是消费者判定企业是否"道德"的主要衡量标准。未来几十年里，可持续性发展道路将从根本上改变B2B行业。到2050年，为了实现全球经济从依赖化石燃料向实现零碳目标的过渡，平均每年需要的投资额将达9万亿美元之巨。同时，非可持续性业务的需求将逐步下降，对可持续原材料和产品成分的需求将跨越式增长。从价值链的上游至下游，大多数知名企业都已经开始推动具体的项目投资以期实现业务运营的低碳化和脱碳化。但是，一个困扰企业领导层的核心问题在于，如何确保这些对可持续发展项目的投资在经济上能够收到回报？

企业需要对可持续性发展路线采取更加主动的策略。在企业转型的过渡期间，领导团队必须摆脱对保护其核心业务的固有认知。同时，对潜在的多种风险如资产搁浅、金融成本上升和营收下滑等，有一个全面的把控。在此，一个值得关注的重要原则是，对可持续性发展的投资并不只是单纯的投入，跟商业项目一样，它也需要产生额外的回报使其物有所值。因此，企业能否成功转型，很大程度上取决于从可持续发展的关联投资中创造增长和盈利的能力。可持续发展不仅仅是一个简单的环保概念，同时也可以成为企业创建持久竞争优势的重要来源。

二、绿色化转型的六大要素

基于麦肯锡对行业的调查研究以及与全球领先的 B2B 型企业的沟通，实现有效益的绿色化转型需要在下述六大要素中下足功夫。

（一）细分客户和产品

首先，企业必须对自身的价值创造体系进行全面的分析，确定一个对市场最具吸引力的核心区块，以此为突破点推动可持续发展转型。与此同时，与企业的客户，甚至是客户的客户，进行深度沟通，摸排出客户最愿意为附加绿色化转型元素支付费用的企业产品和服务，再以此为基准推动转型。换言之，企业要灵活运用产品战略，将可持续转型的投入与客户的实际需求提前建立链接，从而得出最具经济效益的可持续转型出发点。企业如果可以从其价值创造体系的某一部分获得可观的市场溢价和数量，那么它就能被认定为是一个应该获得转型优先权的领域。反之，如果可持续性元素的影响较小，成本较高，且客户的支付意愿较低，那么这一区块的绿色化转型就可以滞后从容处置。

（二）定义营销策略

在选择了正确的转型路线和顺序之后，第二个关键的步骤就是根据客户的需求和特征确定正确的细分市场，明确企业的转型价值主张，并制定接近每个客户群体的最佳渠道。在 B2B 行业中，大量的谈判和销售流程直接和企业的高层领导团队产生联系，有时甚至会涉及交易双方 CEO 的直接介入。不同的商业案例之间可能存在很大的差异，所关联的时间框架、合同数量和价格均千差万别。因此，不能套用统一的营销战略去机械地思考市场因素。企业为了制定可持续性的市场进入战略，必须有远见性的战略思维，在创建新的生态系统和把握新市场的业务机遇之间掌控平衡。

在这一方面，企业的领导者应该围绕下列关键问题重新整理企业的营销思路：在针对目标产品/技术/服务类别上，不同客户群体的痛点和需求点分别是什么？企业应该如何调整产品以满足客户的需求？企业是否需要提供基于整体生态系统的产品或服务？企业最初的市场战略与新型的长期且可持续战略的相互关系是什么？

（三）聪明的定价策略

从 B2B 行业的市场实践中我们不难发现，溢价销售并非个例，但是，客户对溢价产品的支付意愿也因细分市场而异，并且在不断发生变化。因此，企业需要站在更为长远的角度重新评估价格和利润的相互关系，深入了解不同供需状态对企业可能产生的效应、法规的变动所带来的潜在影响，以及影响消费者支付意愿的多种因素。与此同时，不应急于考虑对产品进行细分市场定价，而应当先行通过灵活、可客制的方式定义最佳商业模式，尔后再有针对性地根据每笔交易的细节打造双边合同。

麦肯锡的一则实际研究案例表明，一家可降解塑料树脂生产商根据上述思路成功应用了一项商业战略，即在研发投入之前，与一些已经对可持续发展表示浓厚兴趣的客户企业进行深入接触，邀请他们共同资助研发计划，制定一个长期性的产品线升级互惠计划以期共同摆脱对原生塑料的依赖，并提前锁定未来的销售合同承诺，从而确保前期的投入和产出都能以产品销量的形式得到回报,从根本上降低了生产商在研究和生产方面的预投风险。

(四)提升品牌质量

随着社会对可持续性发展的需求全面拉升,企业必须学会如何通过平衡科学、艺术和工艺的要点,来清晰地向市场传达企业在可持续方向所做出的努力和承诺。因此,高效的品牌战略应该包含可持续性主题并帮助企业激活它的内生效应,推动可持续性因素成为企业持久竞争优势的来源。通过对企业品牌的合理运作,不仅可以捕捉可持续产品所创造的价值,提高企业的整体估值,同时还可以带来额外的好处,例如吸纳优秀的人才,获得额外的资源支持等。

为了打造一个高质量的企业品牌,领导团队应该仔细审视如下问题:客户如何看待本企业与竞争对手的可持续发展战略定位以及本企业的战略愿景?如何将可持续发展内容融入一段引人入胜的故事之中,并清晰地传达给市场且让它成为企业与客户互相交流的基础?让本企业的品牌重新焕发生机的具体行动指南是什么?是否需要为新的可持续性产品创建一个独立的子品牌,抑或对整个企业的品牌形象进行修改?

（五）灵活的新业务建设能力

为了快速实现企业的可持续转型并在市场中产生实际的影响力，仅仅依靠现有的商业模式可能无法实现这一目标。例如，来自石油、天然气、化工等行业的企业大都已经具备全面实施绿色化转型的规模，但其中大部分企业仍然需要通过创建全新的业务内容，来吸收转化企业可持续转型的策略部署。麦肯锡的调查研究表明，60%的受访企业将业务建设（business building）列为前三大优先事项之一，而超过90%的新建业务专注于可持续发展领域。快速地进行新业务创建并随之规模化，需要企业采取不同的思维方式和额外的技能组合，识别传统业务模式和新业务模式之间因非连续性而产生的诸多问题，并通过调整升级商业模式来提供高效的解决方案。

在这一细分要素领域，最为关键的理念在于深入分析新商业理念的全部潜力，得出具体的投资/回报行动方案，从战略上决定是否从零开始投资建设或直接通过有针对性的业务并购来实现这一目标。麦肯锡的实例研究显示，一家行业内领先的石油和天然气企业原本在新商业模式的创建升级方面经验有限，但企业的领导团队勇于采用上述的创新思维方式，吸收了风投行业的管理优点，并聘请了一支有着丰富初创企业经验的数字和商业人才团队。一年之内，这家企业成功开发出一条全新的业务线，扩大了工厂的规模，创建了一个独立的办公环境，并打造了一个跨职能范围的联合管理团队。自2020年实施新计划以来，该企业就已经锚定了在 5 年内创建 5 个价值超 10 亿美元的新业务板块的总体目标。

（六）提升技能，培养能力

从绿色化转型中创造价值是一条全新的赛道，它的成功依赖于综合销售、营销和一线研发等部门的跨职能专业知识，同时也要求对整个机构进行调整升级，涵盖商业能力、定价、运营战略、采购和供应链等诸多方面。因此，这种复杂的转型计划需要企业加强自身的综合能力建设，在一些绿色化转型的关键领域进行常态化技术更新，如碳足迹的计算、碳核算和碳跟踪，以及与客户共享产品的碳足迹信息等。此外，企业也应主动了解监管层面的动态信息，从而提前对企业内部的资源进行优化。

三、经济复苏的高速通道：数字化和绿色化

随着全球大部分地区开始从新冠肺炎疫情所造成的影响中逐渐复苏，恢复正常的社会秩序并回到原有的经济发展轨道，成为 2022 年以来大部分国家的主要发展诉求。但是，疫情所带来的后遗症正在逐步显现，加之地缘政治的冲突和气候变化所导致的全球能源粮食市场危机大幅提升了生活和生产成本，全球经济面临再次失衡的危险。为了呼

吁世界对绿色数字化转型发展的重视，联合国开发计划署（The United Nations Development Programme，UNDP）在2022年新加坡世界城市峰会期间组织了一场"数字化绿色复苏"（Digital for a Green Recovery）的主题讨论，强调可持续发展必须融入数字化，从而成为绿色复苏的核心力量，进一步增强具备高度包容性的数字能力，促进互联开放和数据开放，并激励提高数字技术效率和减轻环境副作用方面的创新。

UNDP全球科技创新和可持续发展中心主任瑞阿德·麦德卜（Riad Meddeb）在本次会议中提出了包容性和绿色数字化转型的三个优先事项。

第一，创新要以人为本。确保基础性数字基础设施的广泛可用性，以便每一个用户都能从中受益。同时，必须确保新兴技术的技术标准设计和探索"以人为本，从人出发"，以大众的需求和愿望为基础，辅以高标准的环保概念，确保新产品标准的运行具备长期的可持续性。

第二，加强创新生态系统之间的协作。创新并非凭空而来，它需要一个由政策法规、投资者、孵化器和加速器等各关键部分共同组成的宏观生态系统。同时，教育系统对大众的创新概念普及也至关重要。切实把握数字化所带来的优势，让分散于全球各地的创新区域和力量得以共享资源，在数字维度进行组合，从而形成一个全球性的创新生态圈，为未来的可持续性发展创造强大推动力。

第三，数据是数字化转型的命脉。对数据的重视和价值提取，可以成为各国加速实现可持续发展目标的重要平衡器。然而，当前一些国家缺乏有效的数据基础设施，如数据中心、通信网络和能源网络等，难以形成规模化的数据存取和挖掘能力。因此，需要在全球范围内推动加快数据能力的建设，以确保现有的数字鸿沟不会因数据能力的缺失而进一步扩大。

实践证明，数字化是推动绿色和包容性经济复苏不可或缺的核心要素，应对新冠肺炎疫情的经验启示我们，数字化转型不再是一个备选项，而是各国经济恢复活力的必由之路。同时，绿色数字化也是一项全社会都需参与的长期任务，拥有雄厚基础的市场能够更为有效地响应用户的需求，在医疗保健、社会保障福利和远程教育等公共服务方面发挥额外的附加效应。

四、小结

诚然，全面走向数字绿色发展离我们的现实还有很大差距，很多企业和实体的运行思维仍停留在工业时代，因此很多行业要么选择向绿色化转型，要么受困于法规的执行不得已而为之。多年以来的研究及实践积累证明，可持续发展的模式实际上刺激了绿色投资和新技术的研发，而且并不会制衡经济的发展。因此，依照当前的倡议，我们实际上正在打造一个更为健康、更为持久的经济体，同时创造了大量新型的就业机会，并在短期和长期范围内均促进了社会福祉的实现。

国际货币基金组织 2021 年的一项研究结果表明，针对绿色和可持续基础设施的投资，是一个远大于传统投资的经济乘数。总而言之，绿色创新有益于商业、人居和环境。既然如此，我们的企业和实体机构为什么不主动立身于变革的前沿呢？又有何理由不去拥抱数字和绿色因素呢？

一般而言，创新能够解决市场中现存的某些特定问题，但由于数字绿色化转型的牵扯面如此巨大，以至于转型本身所创造的机遇给当前社会带来了无可比拟的推动力。数字经济和绿色经济之间有很多共通的远景和诉求，它们的联合发展将成就数代人共同挖掘其潜力的宏伟蓝图。

可持续发展正在成为现代企业竞争的一个新选项，如欲获取竞争优势，则企业除了对可持续发展道路进行持续投资之外，必须辅以相应的商业策略，使绿色增长真正成为能够为企业带来实际效益的长期发展模式。为实现这一目标，企业的领导团队不仅需要具备商业头脑，更需要对企业的价值链进行深入的剖析和理解，用跨职能和跨机构的整体思维来塑造企业在新的绿色竞争环境中的敏捷性和灵活性。绿色化转型并非一闪而过的耀眼魔术，而是一个长期且相对痛苦的过程，但为了实现零碳企业的目标，一切付出终有回报。

# 第九章

数字经济战略竞争全球展开

联合国2019年《数字经济报告》曾指出：数字化正在以不同的方式改造价值链，并为增值和更广泛的结构变革开辟新的渠道。世界经济论坛主席克劳斯·施瓦布（Klaus Schwab）也曾在其书《第四次工业革命：转型的力量》(*The Fourth Industrial Revolution*)中说道："技术和数字化将会改变一切"，数字化是时代变革的大趋势，是继工业化之后推动经济社会变革的重要力量。放眼全球，新一轮科技革命和产业变革深入发展，互联网、大数据、云计算、人工智能、区块链等数字技术创新活跃，数字化转型深入推进，传统产业加速向智能化、绿色化、融合化方向转型升级，新产业、新业态、新模式蓬勃发展，推动生产方式、生活方式发生深刻变化，数字经济成为重组全球要素资源、重塑全球经济结构、改变全球竞争格局的关键变量。

世界主要国家都在加紧布局数字经济发展，制定战略规划、加大研发投入，加快抢占战略制高点，力图打造未来竞争新优势。WTO报告曾指出，全球大约115个国家制定了"数字转型计划"，推出数字化战略。例如美国《数字经济议程》、欧盟《2030年数字罗盘》计划、英国《数字经济战略》、法国《数字法国 2020》、德国《数字化战略 2025》、日本《数字新政》，澳大利亚《国家数字经济战略》、新西兰《新西兰产业数字化转型计划》、加拿大《加拿大数字宪章实施法》、爱尔兰《数字爱尔兰框架》等。

特别是近两年来，世界主要国家和地区发布了促进数字经济发展的法律、战略、规划等，强化后疫情时代数字经济对经济社会的引领和支撑作用。

第一节　欧美进行全方位战略布局

一、美国的数字化战略

美国是最早推出数字战略的国家，在全球数字经济竞争大背景下，美国加快新的战略布局。在 2016 年 5 月曾发布《联邦大数据研发战略计划》，旨在构建数据驱动的国家战略体系。此后，美国相继推出若干专项战略。2021 年，美国"信息技术和创新基金会"发布《美国全球数字经济大战略》报告，并强调指出：为确保美国继续保持在信息技术领域的全球领导者地位，美国政府必须制定以"数字实力政治"为基础的大战略，传播美国数字创新政策体系，约束数字经济领域竞争对手，以及在可能的情况下与盟国合作，并在必要时施加压力，全面保障美国利益。

美国历届政府的基本战略一以贯之，但战略重心有所不同。克林顿政府时期颁布"国家信息高速公路"战略，将信息产业列为国家的重要产业。特朗普政府以贸易战为主轴，科技战为辅，签署了《维护美国人工智能领导地位的行政命令》（Executive Order on Maintaining American Leadership in Artificial Intelligence）等行政文件。拜登政府针对中国的遏制方式发生了变化，以科技战为主轴，颁布了《美国创新与竞争法案》（Innovation and Competition Act）等一系列法案，以确保美国在人工智能、自动驾驶和5G等领域的领先地位。2022年5月13日，美国商务部宣布启动拜登政府的"全民互联网"（the Internet for All）计划。该计划将投资450亿美元（作为可申请资金），为所有美国人提供负担得起的、可靠的高速互联网。同时，美国在日本东京启动"印太经济框架"（Indo-Pacific Economic Framework），数字经济是其中重要内容之一。

美国政府将数字经济和半导体行业作为对抗中国的重要领域，并将芯片作为主战场。2022年8月9日，拜登政府颁布《芯片和科学法案》（Chips and Science Act）。从法案的内容、立法过程和作用看，美国旨在对以芯片为基础的中国数字经济进行遏制打压。根据该法案，美国将成立"美国芯片基金""美国国防芯片基金""美国芯片国际技术安全与创新基金"和"美国芯片劳动力和教育基金"，用以分享政府为半导体行业在美投资提供的527亿美元。其中，500亿美元将拨给

"美国芯片基金"，用于发展美国制造能力的半导体激励计划以及研发和劳动力发展计划。美国期望通过投资、补贴、减税等措施将高端企业迁回美国。在高端制造方面，美国主要依靠联盟，以求替代中国；在中低端方面，美国期望通过"印太经济框架"来削弱中国。这些举措是否有效，目前还不明朗。虽然美国投资了大笔资金，但是这些投资不足以撼动我国的优势，产业链供应链的主体仍然在中国。

2021年1月19日，美国科技创新智库"信息技术和创新基金会"发布题为《美国全球数字经济大战略》的报告（以下简称"报告"）。报告指出，为确保美国继续保持在信息技术领域的全球领导者地位，美国政府必须制定以"数字实力政治"为基础的大战略，传播美国数字创新政策体系，约束数字经济领域竞争对手（尤其是中国），以及在可能的情况下与盟国合作，并在必要时施加压力，全面保障美国利益。

报告讨论了主要国家或国家集团对信息技术和数字技术的立场及其战略。这些国家和地区包括美国、中国、欧盟、日本、亚洲四小龙（韩国、中国台湾、新加坡和中国香港）、一些发展中国家，以及俄罗斯等。

报告设想了当前信息技术和数字经济的发展可能出现的七种场景：

（1）欧盟"监管帝国主义"成功，美国被孤立；

（2）反科技势力将美国变成欧盟，中国占据上风；

（3）欧盟拒绝让步，美欧难以合作；

（4）各国打造"数字世贸组织"；

（5）中国赢得了联合国贸易发展会议成员国的支持；

（6）全球呈现"碎片化"发展；

（7）美国将大部分政治资本用于促进全球互联网开放。

《报告》强调，以上几种情况的发生无益于美国核心利益发展。因此应当制定和实施全球信息技术和数字经济大战略，制定科学的数字政策吸引各个国家广泛的合作，避免被众多技术竞争对手包围的风险，从而维护美国的国家利益。因此，美国政府应该在短期和中期内努力实现以下四种情况：

（1）美国、欧盟和不结盟国家联合孤立、惩罚和防范"违规者"，如俄罗斯；

（2）美国牵头形成英美（及同盟国）联盟，抵制创新重商主义；

（3）欧盟、美国和不结盟国家合作应对中国；

（4）在发展中国家推行美国模式。

《报告》还列出了11项应在国际上指导美国IT和数字政策的关键原则：

（1）毫不掩饰地支持IT和数字创新，拒绝技术抨击的叙述和政策；

（2）拥抱信息技术和数字化的"国家发展主义"（支持信息技术创新和采用的聪明、积极的政策），让更多的国家进入这一轨道；

（3）在创新重商主义的基础上，努力限制中国的信息技术和数字进步；

（4）积极打击国外信息技术和数字保护主义；

（5）推进信息技术和数字自由贸易，特别是与志同道合的国家；

（6）抵制IT和数字经济的独裁影响，但仍关注美国的关键利益；

（7）捍卫私营企业在IT和数字治理中的核心作用；

（8）捍卫"大不坏"（Big Not Bad）原则，保护大型科技企业；

（9）保护创新导向的监管原则；

（10）捍卫互联网开放原则；

（11）支持并推进强有力的国内IT和数字政策，确保美国在全球的领导地位。

总之，为维护美国核心利益发展，美国加快制定和实施全球信息技术和数字经济大战略，制定科学的数字政策吸引各个国家广泛合作。从而进一步加大对IT和数字创新的支持力度，让更多国家进入这一轨道。同时，美国强调要限制中国的信息技术和数字技术进步，打击国外信息技术和数字保护主义，推进信息技术和数字自由贸易，保护美国关键利益，保护创新导向的监管原则，捍卫互联网开放原则，支持并推进强有力的国内IT和数字政策，以确保美国在全球的领导地位。

值得特别关注的是，2023年年初，"中美竞争"再次成为美国未来总体战略制定的聚焦点。1月中旬，几乎就在凯文·麦卡锡（Kevin McCathy）成为美国众议院议长的同时，他宣布成立了一个由16位成员组成（9位共和党议员和7位民主党议员）的"中美竞争特别战略委员会"，由对华政策的"鹰派"成员迈克·加拉格尔（Mike Gallagher）任主席，并计划于2月份展开第一轮正式聆讯。委员会的主要调研任务将重点面向中国的政治、经济、健康卫生等关键领域。而就在一个月之前，麦卡锡就曾公开提议"必须禁止任何美国的州立或地方退休储备基金参与任何有关中国的投资项目"。此外，他也直白地表示，中国将是美国在未来发展中所面对的体量最大也最具威胁的竞争对手，而运作这一战略委员会的目的就是为了全面审视并规划中美未来的竞争关系，同时产出政策建议直呈国会，使美国参与竞争的方式常态化、合法化。

在过去数十年中，在美国国会层面讨论关于中美竞争的诸多提案，多来自不同的两党代表，提案的背后通常涉及各自的党派利益和私下交易，因此在正式的投票表决中，提案有可能会因为派系斗争和利益牵扯，未能获得通过。但是，此次该委员会在成员的选择上做出了调整，囊括了来自美国两党的代表，由麦卡锡居中协调。此种跨越派系的人事设置，有可能使其在议题筹谋的过程中，提前消化党派分歧，因此所产生的政策建议也有更高的概率获得政策绿灯，从而使这一机构的长期存在成为可能。白宫新闻秘书近期表示，拜登政府期待与该委员会在未来的合作，例证它在美国政界较高的活跃度。

上述信号表明，中美两个大国的竞争和博弈，在可见的未来5—10年内，将成为美国政府对外政策制定和执行方面的主要考量对象，同时也将成为影响全球经济发展最为敏感的国际要素之一。对华强硬派议员的先后上台并主导该委员会的日常工作，映射出中美竞争的未来格局将更加复杂和多维化。中国应该清醒地认识到，中美间的高强度竞争不可避免，中美间的竞争拉锯也将在今后很长一段时间内，成为权衡两国关系最重要的砝码。并非中国寻求竞争，而是美国主动发起竞争。

当前阶段，尤其是在2022年11月的中美首脑会晤之后，拜登政府的对华策略总体趋向缓和，整体态势从上届特朗普政府的激烈角力，过渡到维持现有相对平稳的双边关系。在剩余的两年任期内，本届美国政府大概率不会大幅度升级中美双边紧张竞争局势。例如，在关于字节跳动旗下"抖音"国际版业务的强制拆分和进一步监管问题上，拜登政府在收到多份强硬主张的动议后，依然选择性地以折中方案暂时性软化了对该问题的定性和最终处理，避免了进一步的矛盾激化。

由于美国政府最近数年间频繁感知中国经济崛起所带来的压力，于是多次组织由政府牵头的针对前沿高新技术和高精尖类器材的所谓"科技战"，主动发起数字科技关键零配件的"断供"或"断链"，并多次积极倡导美国及其盟友的跨国科技企业将生产线和供应链撤出中国市场，以达到孤立中国的目的。在此大背景下，许多美国企业，如苹果、微软、亚马逊等，都开始着手寻求非中国的海外选项，印度、越南和马来西亚等亚洲新兴国家市场，成了美企在离开中国后的优先选择。与此同时，美国政府还号召 Applied Materials、Lam Research 和 KLA 等美国企业禁止向中国出口或交流高精度芯片等敏感元件，并积极游说美国的国际盟友向其他非美国管辖下的高新企业（如日本的东京电子和荷兰的 ASML 等）施压，试图将针对中国的单边管制转变为国际多边协议。生产线的搬离以及关键性材料和技术的管制，带来的不仅仅是市场价值和业务量的流失；更重要的是，中国高新技术市场的被动孤立，将使得中国的高新技术企业脱钩于国际价值链的流动，未来的研发和生产将无法吸收最新技术成果，难以分享"数字红利"，陷入"受制于人"的不利局面。

据麦肯锡最新报告显示，美国大型跨国企业把中国视为海外投资优先选项的百分比，由 2010 年的 77% 下降至 2022 年的 45%，一方面表明一整套扼制措施正在起作用，另一方面也说明海外投资在中国市场的风险正在提升。

二、欧盟的数字化战略

欧盟坚持一体化原则，着力打破成员国间数字市场壁垒，先后出台《数字化单一市场战略》《数字红利战略》《未来物联网发展战略》等。近年来，欧盟数字化战略进一步走深走实，重点从数据合作、数字贸易、数字化转型、数字政府与数字技能等维度，着力推动数字战略落到实处，并推动欧盟数字化协同，最大限度弥合"数字鸿沟"，实现欧盟数字化协同发展。欧洲各国也相继制定数字化战略，并各自突出其重点，如《数字经济战略》《数字化转型战略》《网络空间战略》《数字政府战略和数据经济战略》《绿色化和数字化双转型战略》《企业数字化转型战略》等。总之，欧洲各国数字化更加注重实效，立足于促进发展并形成长期战略影响。

第二节　金砖国家数字经济快速跟进

金砖国家已达成《金砖国家数字经济伙伴关系框架》，将数字认证、电子支付、电子交易单据、数据隐私和安全、网上争端解决等纳入框架内容。并同意就人工智能等新兴技术开展合作，推动各方加快数字化转型。为此，金砖国家相继制定了相应战略规划。

一、金砖国家数字经济发展战略导向

近年来，金砖各国均充分认识到发展数字经济的战略重要性，除中国外，其余金砖成员国也先后制定了各自的数字经济发展战略，并根据自身实际发展状况与需求，明确数字经济发展的主要方向与重点领域。

（一）俄罗斯的数字战略意向

俄罗斯将数字经济列入《俄罗斯联邦2018—2025年主要战略发展方向目录》，并制定《俄联邦数字经济发展2035规划》《2030年前人工智能发展国家战略》等，旨在创建稳定安全的信息基础设施，建立国家在线教育与在线医疗技术平台、统一的电子政府信息平台、国家电子图书馆等，高速传输、处理和存储所有组织和家庭可用的海量数据，通过发展数字经济对俄罗斯GDP增速产生实质性影响。在数字货币的应用方面，俄罗斯央行已于2021年12月启动数字卢布平台测试，将从2023年开始在实体经济中试行数字卢布结算，并尝试在国际结算中使用。

（二）印度的数字战略意向

印度政府有着雄心勃勃的数字化发展计划。早在2015年，印度当局就公布了"数字印度"（Digital India）战略，在三大领域（数字基建、数字政务和民众数字素养）提出了九个重点发展方向，包括宽带建设、移动互联、公共互联接入、电子政务、电子服务、信息公开、电子产品制造业发展、信息技术领域就业和早期示范项目。时至今日，印度的互联网用户数量超过8.25亿，全球14%的手机应用程序下载量来自印度，2022财年每日平均的数字支付数量超过2.8亿笔，谷歌、亚马逊和脸书等一众国际 IT 头部企业已经向印度市场注入了上百亿美元的投资额。印度凭借其庞大的人口基数和初期市场红利，已经在南亚地区形成了首屈一指的数字经济规模。在未来，印度数字经济的发展重点将继续聚焦数字消费者市场的开拓和农村接壤地区的互联网普及，同时印度将加大与私营行业的合作力度，主动引进外资，优先发展数字商业和数字基建，完善数字化产业链，共同挖掘印度数字市场的潜力。

为应对新冠肺炎疫情，印度政府推出"国家数字健康任务"，提供全覆盖式的数字医疗服务。印度储备银行将于 2023 年推出基于区块链的中央银行数字货币，为数字经济提供全面的"推动力"。

（三）巴西的数字战略意向

巴西先后制定《数字政府战略》与《数字化转型战略》，对政府数字化目标及具体举措做出规定，涵盖了国家在基础设施建设、研发创新、专业培训、经济、公民等方面的 100 个行动计划，并于 2020 年 8 月开始实施《通用数据保护法》。在产业数字化转型方面，巴西尤其强调数据驱动型经济和新商业模式，Cloudscene 的数据显示，目前巴西境内拥有 133 个主要的数据中心，位居南美洲国家之首。

此外，巴西在创新生态的培养和数字支付科技方面亮点纷呈。巴西拥有超过 18 000 家初创企业，占整个拉丁美洲数量的 77%。2021

年，巴西的初创企业收到了共计 94 亿美元的风险基金投资，其中有相当数额来自美国。同时，数字支付在巴西的发展尤为迅速，涌现出一批以 NuBank 为代表的金融科技企业，极大地提高了巴西的数字支付连通率和支付效率。未来，巴西政府将继续支持上述行业的扩张，维持巴西在南美地区的数字竞争力。

（四）南非的数字战略意向

南非发布的"国家数字战略"明确表示，数字经济是其发展的优先领域，政府为此专门成立了"第四次工业革命总统委员会"，为本国数字经济发展提供政策建议和战略规划。2021 年 4 月，南非通信与数字技术部向国会提交了一份加快数字与云技术发展的议案，旨在增强国家数字服务能力，提高政府数据分析研判水平，保障南非数据主权与安全。根据规划，南非将整合两家国有数字技术企业，成立国家数字基础公司，还将建立国家数字信息技术经济特区，吸引本地和外国企业在数据和云技术基础设施及服务领域投资。

二、金砖国家数字经济合作前景广阔

当前，金砖国家数字经济合作机制不断健全、合作领域逐步扩展、合作成果日益丰硕，为深入开展数字经济合作奠定了坚实基础。

金砖国家人口合计超 30 亿，经济规模占全球总量四分之一以上，网络购物用户数与跨境网络零售总额分别占全球的 60% 与 40%，数字经济合作具有广阔空间。

在合作机制方面，金砖国家已达成《金砖国家数字经济伙伴关系框架》，将数字认证、电子支付、电子交易单据、数据隐私和安全、网上争端解决等前沿领域纳入框架内容，并同意就人工智能等新兴技术开展合作，推动各方加快数字化转型。金砖国家启动了数字金砖工作组、金砖国家新工业革命伙伴关系计划、金砖国家未来网络研究院、网络安全工作组等一系列工作机制，并定期举办工业互联网与数字制造发展论坛、可持续发展大数据论坛等活动。

在合作领域方面，金砖国家在电子商务、数字技术、航天、人工智能、信息通信等多个方面广泛开展合作，合作重点正由传统领域向电信计算机信息服务、研发服务、知识产权使用费等数字经济领域快速拓展。中俄两国签署数字经济领域投资合作备忘录，积极推动数字经济示范项目建设；印度塔塔咨询、Infosys 等知名信息技术企业积极拓展金砖市场业务；华为和中兴成为南非通信基础设施领域的主要参与者，华为公司与南非的 Rain 公司合作，于 2020 年发布非洲首个 5G 独立组网商用网络；阿里速卖通（AliExpress）在疫情期间助力巴西电商实现快速增长等。

从合作前景来看，根据相关预测，到 2025 年，俄罗斯数字经济规模或将增长至 9.6 万亿卢布，数字经济总值在其 GDP 中的占比将达到发达国家的平均水平；印度数字技术产业对该国 GDP 的贡献率预计将从 2021 年的 7.7% 提升至 2025 年的 10%；到 2030 年，印度的消费数字经济将从 2020 年的 5 375 亿美元增长到 8 000 亿美元，数字经济将覆盖旅游业的 60%、零售业的 40%、教育行业的 30%、餐饮服务业的 25% 及医药零售业的 6%；南非即将建成非洲最大的数据中心，到 2025 年，包括数字媒体、电子商务和电子服务在内的数字营收在南非的规模预计将增长至约 95 亿美元；巴西云服务产值将由 2020 年 17.6 亿美元增长到 2026 年的 26.9 亿美元，电商市场将保持 57% 的高速增长。金砖五国同意将电子商务工作组升级为数字经济工作组，并将充分发挥各国数字领域比较优势，挖掘数字经济合作潜力，拓展合作空间。

三、金砖国家数字经济合作仍面临不少挑战

（一）"数字鸿沟"现象依然存在

金砖各国的基础设施与数字经济发展基础不同，在数字核心关键技术创新、内容产业创新、安全保障技术开发等方面都与发达国家存在一定差距，内部也面临数字发展水平不一、数字鸿沟较为明显的问题。以互联网普及率为例，Internet World Stats 的数据显示，目前俄罗斯、中国、巴西的互联网普及率均超过 70%，而南非和印度仅分

别为 55% 和 40%，低于全球 59.7% 的平均水平。另外，金砖各国普遍也存在数字经济内部区域发展不平衡、制造业数字化转型不足等问题。

（二）金砖国家数字领域贸易壁垒普遍较高

数字经济时代的数字贸易壁垒不仅包括针对电子产品的关税和配额，还包括形形色色的非关税壁垒，如本地化措施、跨境数据流限制、知识产权侵权、国际合规性评估、网络安全风险等。这些非关税壁垒通常以有意或无意的歧视性法律法规，阻碍数字贸易自由流动。与传统的关税与非关税措施相比，数字贸易壁垒更为复杂与隐蔽，由此产生的"电子摩擦"（e-friction）使得传统的贸易争端解决机制也面临挑战。当前，金砖国家服务贸易限制指数，尤其是数字贸易限制指数不仅高于 OECD 国家和世界平均水平，也高于非 OECD 国家的平均水平。从产业层面看，金砖国家电信、快递、商业银行、保险领域开放度较低，贸易限制较多。以俄罗斯为例，其国内企业数字产品的零关税覆盖率为 62.25%，对销售数字产品的外国企业却征收 18% 的增值税，印度也明确反对将免关税的范围从数据传输本身扩大到数据传输内容。

（三）数字经济配套服务体系滞后

数字经济的发展颠覆了传统的支付手段以及物流方式，但也带来了新的问题，以移动支付为例，虽然移动支付正在迅速占据市场，但不同国家拥有不同的金融监管政策，移动支付在跨境交易时面临着跨币种、跨时区等具体问题，目前来看，金砖国家还没有建立起统一的跨境支付链。例如，中俄跨境电商近年来发展迅速，但存在着相关涉外法律法规制度不健全，汇率风险大，物流、支付及通关效率不够高，对跨境包裹增税以保护本土企业等问题。另外，数字贸易技术标准涵盖电子采购、无线通信、生物识别、网络安全等诸多方面内容，金砖国家与之相关的技术标准各不相同，各方在数字基础设施的互联互通与互操作性上都会受到一定程度的阻碍。

（四）金砖国家面临网络信息安全难题

网络信息安全是数字经济稳健发展的基本要求，网络安全治理力度较低、网络犯罪率持续升高、网络漏洞造成经济巨大损失是金砖国家面临的网络威胁和安全挑战。尤其是云计算、大数据、人工智能等新技术应用伴生新的安全风险，对各国网络安全防护提出更高要求。根据联合国国际电信联盟（International Telecommunication Union，ITU）发布的 2020 年全球网络安全指数（Global Cybersecurity Index，

GCI）排名，金砖国家总体表现不尽如人意，其中印度与中国分别位列第 10 位和第 33 位。金砖国家在与网络安全相关的资金、技术、人力资源投入以及法律规范保障等方面仍有很大完善空间，通过加强彼此间的数字合作，改善金砖国家网络安全的整体状况是各国的共同愿望。

四、金砖国家数字经济合作的前景

（一）加强数字经济治理规则合作

目前，全球数字经济治理体系尚未形成，各方势力在具体规则上各持立场，互不相让。作为发展中经济体的金砖各国在数字经济治理领域具有很多共同利益，要努力推动各方参与商谈制定数字经济标准规则，防范他国利用数字优势对金砖成员制造新的贸易壁垒和数字治理陷阱。要加强成员国间开展基础性、原创性技术研发合作，完善数据产权保护制度，形成数据驱动型创新体系和发展模式，牢牢掌握数字经济发展主导权。根据金砖国家数字经济发展的实际需求，探索符合金砖成员电子商务产业发展和促进数字贸易的经贸规则，为广大发展中国家利益发声，共同制定符合发展中国家利益群体的数字贸易规则。同时，要加大管控数字冲突力度，妥善处理数字贸易摩擦、个人隐私数据和知识产权保护以及打击网络犯罪等问题。

（二）拓宽金砖成员数字基础设施建设渠道

对于跨境光缆、互联网设备等数字经济合作载体的建设，仅靠各国国内单一渠道资金的支持难以维持建设的可持续性。要以融资方式多元化和投资便利化带动内外部资源参与数字经济基础设施建设，尤其是在移动通信基站与数据中心建设、物流仓储系统智能化转型、5G设备与技术前瞻性部署等方面，开展多元化多渠道探索合作。应早日完成金砖国家数字服务业投资"负面清单"谈判，降低电信、金融等服务业投资壁垒与准入门槛；推动各类金融机构、多边开发机构等投资信息通信技术基础设施和应用，引导商业股权投资基金以及社会基金向数字经济领域投资，鼓励公私伙伴关系（Public-Private Parenership，PPP）等参与形式；鼓励组织信息通信技术企业和金融机构间的投资信息交流活动，加大在信息通信技术领域相互投资。

（三）推动金砖国家数字贸易开放度与便利化

金砖国家与数字经济相关的服务贸易限制指数得分普遍较高，服务业相互开放程度低，阻碍了数字经济合作的深入开展。应努力推动金砖国家间数字贸易自由化与便利化，营造良好的数字贸易氛围。针对跨境数据流动问题，应建立金砖国家数据跨境合作机制，鼓励各国IT企业积极参与数字经济建设，推动金砖国家数据跨境合作双边和多边机制建设，保障数据要素安全有序流通。倡导金砖国家间探索跨区域、跨体制、跨领域的数字经济监管合作，在电子商务、网络营销、海关通关、金融外汇结算、供应链服务等领域建立更多的合作网络。中国可适时启动与其余金砖成员商签自由贸易协定，将电子商务、服务贸易自由化与服务业市场准入作为自由贸易协定谈判的重点领域。与此同时，推动技术与标准互认，降低金砖成员数字技术贸易的交易成本，提升金砖成员间数字技术的产品兼容性。

（四）深化数字经济重点领域务实合作

未来，金砖国家应在通信设施建设、网络空间规则构建和信息技术研发创新等方面加强合作，共享发展成果。进一步加强物联网、云计算、大数据、纳米技术、人工智能、5G及其创新应用等信息通信技术的联合研发和创新，提升五国信息通信技术基础设施互联互通水平。推动金砖国家重点城市开展对点合作，支持对点城市间建立战略合作关系，探索建设"数字金砖"经济合作试验区，以"数字金砖"试验区为引领，推动各方在智慧城市、电子商务、远程医疗、"互联网+"、物联网、人工智能等领域展开深度合作。

（五）深化金砖国家网络安全合作

金砖国家有共同推动网络空间治理体系改革的战略诉求，各国应尽快就共同面临的网络安全威胁及应对举措达成共识，并建立相关合作机制。金砖成员应逐步完善网络安全合作平台，构筑共同打击网络恐怖主义和网络犯罪的防线；加强金砖国家网络安全工作组与总检察长会议机制、海关工作组会议、大法官论坛等机制之间的交流与协调，推进各国网络安全执法合作；针对网络恐怖主义、勒索攻击等新兴网络威胁，建立健全常设的网络威胁观测、预警和反应机制，监控金砖国家的网络安全形势，及时发布预警报告，保护各国电信、能源、电力等关键信息基础设施不受破坏；组建由技术专家组成的金砖国家网络安全中心，共同维护网络空间秩序，降低数字安全风险。

（六）开展信息共享与人才交流等全方位合作

金砖国家应增加彼此互信，推动数字信息共享、经验分享和人才交流，通过联合开展相关科研和课题为合作实践提供理论支持。加强数字经济统计合作，建立多双边数字信息共享机制，加强金砖成员政府有关部门、行业组织、研究机构、市场主体的信息交流与统计合作，为数字经济合作发展提供基础数据支撑。通过建立金砖国家数字经济发展国际联盟，突破金砖成员技能发展和技术交流合作瓶颈，推动解决金砖国家企业数字化转型过程中面临的技能培训、认证、标准协调统一等方面的问题。通过开展金砖国家"数字经济"线上培训班等形式,从网络基础设施就绪度、信息产业和技术创新、信息化应用效益、可持续发展环境等方面,为金砖国家数字经济合作培养国际化的高技术与高技能人才,解决金砖国家数字经济人才短缺的问题。

参考文献

[1] 2022 Strategic Foresight Report: Twinning the green and digital transitions in the new geopolitical context. Europe Commission, June 29, 2022.

[2] A Roadmap Toward a Common Framework for Measuring the Digital Economy. OECD, 2020.

[3] Accounting for Digital Assets: Key Considerations. International Swaps and Derivatives Association. May 2022.

[4] Adobe: U.S. Consumers Spent $1.7 Trillion Online During the Pandemic, Rapidly Expanding the Digital Economy. Adobe. March 15. 2022.

[5] Andreas Barckow – IFRS Foundation Conference keynote speech. June 24, 2022. IFRS.

[6] Bech, M. L., & Garratt, R. (2017). Central bank cryptocurrencies. BIS Quarterly Review September.

[7] Big Data Senior Steering Group. (2016). The federal big data research and development strategic plan.

[8] BRAZILIAN DIGITAL TRANSFORMATION STRATEGY. Department of Digital Transformation Policy, Brazil.

[9] Brunnermeier, M. K., & Landau, J. P. (2022). The digital euro: policy implications and perspectives. European Parliament.

[10] Cabral, L., Haucap, J., Parker, G., Petropoulos, G., Valletti, T. M., & Van Alstyne, M. W. (2021). The EU digital markets act: a report from a panel of economic experts. Cabral, L., Haucap, J., Parker, G., Petropoulos, G., Valletti, T., and Van Alstyne, M., The EU Digital Markets Act, Publications Office of the European Union, Luxembourg.

[11] Chapman, J., Garratt, R., Hendry, S., McCormack, A., & McMahon, W. (2017). Project Jasper: Are distributed wholesale payment systems feasible yet. Financial System, 59.

[12] Chiappini, R., & Gaglio, C. (2022). Digital Intensity, Trade Costs and Exports' Quality Upgrading. OFCE.

[13] Crypto-Asset Reporting Framework and Amendments to the Common Reporting Standard. OECD. OECD, Paris. Oct. 10, 2022.

[14] Digital Economy and Society Index (DESI) 2022. European Commission. July 28, 2022.

[15] Digital Economy and Society Index 2022: overall progress but digital skills, SMEs and 5G networks lag behind. Press Release, European Commission. July 28, 2022.

[16] Digital Economy Report 2019: Value Creation and Capture: Implications for Developing Countries. Sep. 04, 2019. UNCTAD.

[17] Digital Economy. Bureau of Economic Analysis, U.S. Department of Commerce.

参考文献

[18] Digitalisation in Europe 2021–2022: Evidence from the EIB Investment Survey. Europe Investment Bank. May 05, 2022.

[19] Eom, S. J., & Lee, J. (2022). Digital government transformation in turbulent times: Responses, challenges, and future direction. Government Information Quarterly, 39(2), 101690.

[20] European Centre for International Political Economy. (2018). Digital Trade Restrictiveness Index.

[21] Executive summary: Accounting for crypto assets. KPMG. March, 2022.

[22] Feasibility of using administrative data sources for UK digital economy research. Office for National Statistics. May 05, 2022.

[23] Goswami, H. (2016). Opportunities and challenges of digital India programme. International Education and Research Journal, 2(11), 78–79.

[24] H. Khan, and S. Srivastava. Building an open metaverse. McKinsey & Company, August 23, 2022.

[25] Highfill, T. & Surfield, C. New and Revised Statistics of the U.S. Digital Economy, 2005–2020. Bureau of Economic Analysis, U.S. Department of Commerce. May 2022.

[26] Hostetter, S., Klei, A., Winkler, G., & Wolf, E. How green can green growth be July 26, 2022. McKinsey & Company.

[27] Information Technology & Innovation Foundation. (2021). How Barriers to Cross-Border Data Flows are Spreading Globally, What They Cost, and How to Address Them.

[28] Bobier, T. Merey, S. Robnett, M. Grebe, J. Feng, B. Rehberg, K. Woolsey,

299

and J. Hazan. The Corporate Hitchhiker 's Guide to the Metaverse. BCG, April 2022.

[29] Kosse, A., & Mattei, I. (2022). Gaining momentum – Results of the 2021 BIS survey on central bank digital currencies. BIS Papers.

[30] Kraus, S., Durst, S., Ferreira, J. J., Veiga, P., Kailer, N., & Weinmann, A. (2022). Digital transformation in business and management research: An overview of the current status quo. International Journal of Information Management, 63, 102466.

[31] Laeeq, K. (2022). Metaverse: why, how and what. How and What.

[32] M. Bechtel, and N. Launer. Thinking about investing in the metaverse? Let history be your guide. Deloitte Insights, June 21, 2022.

[33] Measuring the Digital Transformation: A Roadmap for the Future. OECD, OECD Publishing, Paris. March 11, 2019.

[34] Measuring the value of e-commerce. Trade and Development Board, Working Group on Measuring E-Commerce and the Digital Economy, United Nations Conference on Trade and Development. Oct. 21, 2022.

[35] Meddeb, R. How digital can drive a green recovery. United Nations Development ProgrammeSeptember 6, 2022.

[36] Muench, S., Stoermer, E., Jensen, K., Asikainen, T., Salvi, M. and Scapolo, F., Towards a green and digital future. Publications Office of the European Union, Luxembourg, 2022.

[37] Mystakidis, S. (2022). Metaverse. Encyclopedia, 2(1), 486–497.

[38] Pew Research Center. (2021). Internet/Broadband Fact Sheet.

[39] PwC 2022 US Metaverse Survey. PwC, July 2022.

[40] Qureshi, Z., & Woo, C. (Eds.). (2022). Shifting Paradigms: Growth, Finance,

Jobs, and Inequality in the Digital Economy. Brookings Institution Press.

[41] Regulation, P. (2018). General data protection regulation. Intouch, 25, 1–5.

[42] Report on Digital Asset Financial Stability Risks and Regulation. Financial Stability Oversight Council. Oct. 03, 2022.

[43] Report on Digital Asset Financial Stability Risks and Regulation. Financial Stability Oversight Council. Oct. 03, 2022.

[44] Reserve, F. (2022). Money and payments: The US Dollar in the age of digital transformation. January.

[45] Simon, J. E., & Fritz. J. Emergent Digital Fragmentation: The Perils of Unilateralism. Global Trade Alert. June 28, 2022.

[46] Standard for Automatic Exchange of Financial Account Information in Tax Matters. OECD. OECD Publishing, Paris. July 21, 2014.

[47] Teixeira, J. E., & Tavares-Lehmann, A. T. C. (2022). Industry 4.0 in the European union: Policies and national strategies. Technological Forecasting and Social Change, 180, 121664.

[48] Tentative Board Decisions, Wednesday, August 31, 2022, FASB Board Meeting. Financial Accounting Standard Board.

[49] Tentative Board Decisions, Wednesday, October 12, 2022, FASB Board Meeting. Financial Accounting Standard Board.

[50] The Digital Dollar Project White Paper 2.0, January 2023, The Digital Dollar Project.

[51] The OECD Going Digital Measurement Roadmap. OECD Digital Economy Papers, No. 328. OECD Publishing, Paris. 2022.

[52] US Chamber of Commerce. (2022). The Digital Trade Revolution: How U.S. Workers and Companies Can Benefit from a Digital Trade Agreement.

[53] Value creation in the metaverse. McKinsey & Company, June 2022.

[54] Zeufack, A. G., Calderon, C., Kabundi, A., Raju, D., Kubota, M., Korman, V.& Girma Abreha, K. IMF Working Papers. March 19, 2021.